나만 몰랐던 주식투자비밀

-남궁 덕 기자의 증시산책-

한국경제신문

옛부터 우리나라 사람들은 음주가무(飮酒歌舞)를 즐겼다고 전해진다. 그러나 생각해보라. 술 냄새만 맡아도 취기가 도는 사람에게 '음주'란 어떤 의미가 있을까? 진절머리가 날 것이다. 노래와 춤만 해도 그렇다. 어떤 경우라도 '음치'가 노래방을 가는 건 도살장을 찾는 한우의 입장과 마찬가지다. 우리 선조들은 흥겨우면 절로 어깨가 들썩거리는 춤꾼이었다고 전해지지만 기본을 배우지 않고선 허망한 얘기일 뿐이다.

전통 한국춤을 추건, 살사댄스를 추건, 디스코나 지루박을 추건, 기본 리듬과 스텝을 배우지 않고선 제대로 분위기를 맞출 수 없다. 오히려 어깨와 무릎에 쥐가 날 판이다. 머리로 전달받은 흥겨움을 몸으로 표현하도록 훈련받지 않은 사람에게 춤은 고역이다. 서로의 호흡이 잘 맞아야 하는 지루박 같은 춤에선 자칫 파트너의 즐거움까지 빼앗을 수 있다.

재미있게 즐기려면 배워야 한다. 그것도 기본과정과 고급과정이 따로 있다. 기본과정은 그야말로 기초적인 것, 이를테면 노래의 경우 박자와 리듬이다. 고급과정은 강약조절과 자기고유의 발성법 등을 개발하는 훈련이다. 이렇게 기본훈련을 받은 사람은 자신의 수준에 대한 반성은 물론 외부의 평가를 겸허하게 받을 수 있다. '나의 생각'과 '세상의 생각'을 비교하고 조율하는 능력이 생긴다. 이 때 비로소 사람들과 '사교(社交)'할 수 있는 수준에 오를 수 있다.

하루에도 수없이 쪽박을 찬다는 개인투자자에게 필요한 것은 주식시장에서 큰돈을 버는 것보다는 살아남는 길을 터득하는 것이다. 즉 생존술을 배워야 한다. 생존술에 비밀이란 없다. 대박을 터뜨린 소수의 선택받은 사람에게도 감추고 싶은 대박의 '비밀'은 없다.

마술사는 멋진 표정연기와 유연한 손놀림으로 청중을 사로잡는다. 그렇지만 마술의 이면에는 몇몇 기본기가 숨어 있을 뿐이다. 겉으론 화려하고 거창하지만, 마술은 그저 사람의 눈과 상상력을 현혹시키는 속임수 놀이일 뿐이다.

주식시장에서 살아남는 길은 하루 빨리 '마술'에서 깨어나는 것이다. 많은 사람들이 돈을 버는 것 같지만 실제로 큰돈을 버는 사람은 많지 않다. 주식시장은 철저한 '제로섬(zero-sum) 게임'에 입각해 있다. 돈 뭉치가 클수록 먹을 확률이 높다.

필자가 알려주고 싶은 건 최소한의 리듬과 박자를 배운 다음 주식시장에 참여하라는 것이다. 기본기를 갖추지 않고 덤비면 바로 '왕따'를 당한다. 주식은 자신을 사랑하지 않는 투자자에게 자선을 베풀 만큼 따뜻하지도, 미련하지도 않다.

이 책은 자금력과 정보력, 투자경험 등이 부족한 개미들이 주식시장에서 살아남을 수 있는 방안을 조언하는 데 초점을 맞췄다. 골프의 핵심은 스윙이라고 하지 않던가. 자신의 투자원칙을 만들고 로봇처럼 그것을 지키는 사람이 성공할 확률이 높다. 실제로 펀드매니저들은 많은 책을 읽는다. 그리고 책 속에서 얻은 영감을 포트폴리오를 미세 조정하는 데 활용한다. 변화의 한복판에서 살아남기 위해서는 나 아닌 다른 사람들의 생각이 중요하다.

실전은 책의 이론과 크게 다르다. 그렇지만 시장을 읽는 몇몇 힌트와 그걸 해석하는 방법을 독자들에게 꼭 전달하고픈 게 필자의 소박한 바람이다. 이 책은 필자가 지난 2001년부터 〈한국경제신문〉에 '남궁 덕 기자의 증시산책' 이라는 제목으로 연재해온 칼럼을 재구성한 것이다. 날마다 쏟아지는 뉴스에 바탕을 두고 써온 칼럼을 단일 시제와 주제로 묶는 작업이 쉽지 않았다.

이 책이 나오기까지 필자를 도와준 사람들은 수없이 많다. 때론 기술적인 면에서, 때론 서로 영감을 주고받은 많은 '스승들' 이 이 책의 진정한 저자임을 밝혀둔다.

2003년 7월

남궁 덕

CONTENTS

CONTENTS

2 투자의 눈금을 읽어라 : 꼭 알아야 할 지표와 뉴스 읽는 법

3 숲의 움직임을 주목하라 : 주식시장 변수 읽는 법

CONTENTS

10

4 상상력이 곧 생산력이다 : 투자전략 세우는 법

CONTENTS

12

5 씨앗을 뿌리는 자세로 시장에 참여하라 : 주식투자의 지혜를 낚는 법

CONTENTS

'다이 하드'는 단타종목은 아니다. 시중 실세금리 이상의 수익률을 낼 수 있고, 주식투자의

기본기를 닦을 수 있는 종목들이다. 또한 중·장기적으로 보유할 만한 주식이다. 속내용을

살펴보면 △지배구조가 투명한 데다 △튼튼한 캐시카우(수익원)가 있고 △배당에 인색하지

않은 종목이 '다이 하드' 리스트에 올라 있다. 누구나 좋은 주식에는 관심이 많기 때문에

입도선매(立稻先買)의 능력을 키우는 것이 매우 중요하다.

1*

다이 하드(Die Hard) 주식을 찾아라

좋은 주식 고르는 법

01 인터넷의 선물-메신저 주가를 아시나요?

"경기의 체감지수는 택시 기사에게 물어보라." 이는 실물경기를 정확히 파악하기 위한 중요한 체크포인트 중 하나였다. 그러나 지금은 사정이 좀 달라진 것 같다. 자가 승용차 보급이 확대된데다, 경제 자체가 복잡해졌기 때문에 택시라는 단일 창구를 통해 경기를 종합 진단하기에는 다소 무리가 따른다.

경기를 측정하는 잣대도 다양해지고 있다. 월트 디즈니(Walt Disney)는 각국에 퍼진 디즈니 공원의 사전예약률을 통해, 자동차회사는 고급 차량의 판매동향을 통해 향후 투자규모를 결정한다고 한다.

그러나 오늘날 세상은 사뭇 달라졌다. 통계자료를 빌리지 않더라도 실시간으로 상대방과 생각을 교환할 수 있는 수단이 발달했다. 이는 인터넷이 가져다준 '선물'인데, 그 대표적인 것이 바로 메신저(Messenger)다.

　요즘 시장참가자의 하루는 '땡땡땡' 하는 소리와 함께 열린다. 메신저가 사이버공간을 타고 날아오는 것이다. 메신저는 조간신문의 뉴스 보고서를 비롯해 시장 안팎에 나도는 소문과 따끈따끈한 상장사 공시 등을 실시간으로 제공한다. 공급자가 딱히 정해진 게 아니다. 아는 사람끼리 아름아름 주고받는다.

　그러나 비교적 고급 정보를 접하기 쉬운 사람끼리만 주고받는다고 해서 '메신저' 에 대해 색안경을 끼고 보는 사람도 적지 않다. 분명한 것은 시장의 '큰손' 들이 스스로의 생각과 가격정보까지 메신저를 통해 교환하고 있다는 점이다. 경기를 보는 눈과 그에 따른 반작용이 아주 빠르게 나타나는 셈이다. 메신저를 사용하지 않는 사람은 '컴맹' 이 아니라 '주맹' 이다.

02　부동자금에 고함―돌풍의 징후들을 잘 살펴봐야 한다

　마땅히 투자할 곳을 찾지 못한 시중의 부동자금은 항상 수익률이 클 것으로 보이는 곳을 찾아나선다. 그러다가 먹거리가 될 만하면 무턱대고 우르르 몰려가 한도만큼 배팅에 나선다. 대표적인 사례로 인터넷게임 업체 웹젠의 공모주 청약(2003년 5월)에 3조 3,000억 원이 몰려든 것을 들 수 있다.

　서울 마포 트라팰리스 청약에도 3만 명이 구름처럼 몰렸다. 마치 게릴라전을 펼치는 것처럼 돈이 될 만한 곳을 휩쓸고 다닌다. 그러나 매번 게릴라전에서 승리할 수는 없다. 또 안정형 투자자들이 선호하는 채권투자도 '달이 차면 기우는' 법이다.

증권가에 1998년 출간된 《고릴라 게임》이란 투자지침서가 재조명되고 있다. 고릴라 게임 투자의 핵심은 '고릴라 후보', 즉 "불연속적 혁신기술 제품으로 대박을 일으킬 후보"를 골라내는 것. 고릴라는 돌풍(토네이도)을 타고 등극한다. 그런 만큼 돌풍의 징후들을 잘 살펴봐야 한다. 그런데 돌풍은 어느 날 갑작스럽게 나타나는 게 아니라 사전에 주의보와 경보를 보내며 다가온다.

따라서 돌풍이 어디에서 출현할 것인지, 어떤 제품의 카테고리가 영향을 받을 것인지, 새로운 제품의 카테고리가 각광을 받을 것인지 등에 대해 주의 깊게 살피고 있어야 한다.

각국 증시에서 정보기술(IT)주가 재도약의 모습을 보이고 있다. 다음 경기확장기의 주역은 IT 산업이다. 미래를 염두에 둔 투자자는 벌써부터 고릴라 게임에 들어갔다.

각국 증시에서 정보기술(IT)주가 재도약의 모습을 보이고 있다. 다음 경기확장기의 주역은 IT 산업이다. 미래를 염두에 둔 투자자는 벌써부터 고릴라 게임에 들어갔다.

03 한우와 반도체─가격에 지나치게 집착하면 자칫 '당나귀 귀'가 될 수 있다

"지금 500Kg짜리 한우 한 마리 가격이 얼마인지 아십니까? 시장 개방이 된 지 1년도 안 돼 사상 최고가격을 기록하고 있습니다. 이는 수입개방에 앞서 전국의 한우사육 농가가 미리 겁을 먹고 암소를 도축해버린 결과입니다. 반도체 가격이 급락

하고 있지만 한우 가격이 '요술'을 부린 걸 생각하면 그리 겁먹을 일도 아닙니다."

기억이 가물가물하지만 한 독자가 이 같은 사연을 e-메일로 보내온 적이 있다. 주가는 경제현실과 기업가치 등을 반영하고 있기 때문에 지나치게 '가격(주가)'에 일희일비(一喜一悲)하면 대세를 놓칠 수 있다는 메시지다.

종종 "이 종목은 주가수익비율(PER) 수준이 매력적이다"라는 얘기를 들을 수 있다. 그렇지만 '신(神)의 영역'인 주가를 누가 장담할 수 있을까? 대개 주가가 급락할 가능성이 엿보일 때 전문가들은 우회적으로 'PER가 매력적'이라고 말하곤 한다.

가격에 지나치게 집착하면 자칫 '당나귀 귀'가 될 수 있다. 주변의 말에 귀가 솔깃해진 나머지 대세판단을 그르치는 경우가 많다. 이럴 땐 오히려 자신이 잘 아는 주식을 집중 관리하는 게 좀더 효과적이다.

"투자수익을 올릴 수 있는 비결은 월가의 전문가로부터 얻을 수 있는 게 아니다. 당신이 잘 알고 있는 기업이나 산업분야에 투자하면 전문가보다 더 나을 수 있다."

"투자수익을 올릴 수 있는 비결은 월가(Wall Street)의 전문가로부터 얻을 수 있는 게 아니다. 당신이 잘 알고 있는 기업이나 산업분야에 투자하면 전문가보다 더 나을 수 있다"라는 미국의 유명한 펀드매니저 피터 린치(Perter Lynch)의 말을 되새겨 보아야 할 것이다.

04 감기─많이 올랐다는 것이 최대의 악재가 될 수 있다

의사들은 감기에 대해 "몸이 혹사하고 당하고 있으니 좀 쉬어라"라는 신호로 해석한다. 따라서 감기 치료의 기본은 휴식이다. 충분한 휴식을 취함으로써 체내 면역기능이 스스로 바이러스를 퇴치할 수 있도록 만드는 자세가 필요하다. 물을 자주 마시고, 목이 따끔거릴 때 미지근한 소금물로 양치질을 하면 그만이다. 그러나 현대인들은 감기약을 복용함으로써 증상을 억지로 눌러버린다. 오히려 몸에 대해 가혹행위를 하는 셈이다.

많이 올랐다는 것이 최대의 악재가 될 수 있다. 과열에 대한 반작용은 반드시 나타나게 마련이다.

경기는 진흙탕 속에서 빠져나오지 못하고 있는데 투자심리만 후끈 달아오르는 경우가 종종 있다. 2003년 6월 초에도 그랬다. 일본 방문을 앞둔 노무현 대통령은 재계 총수들을 삼계탕 집으로 초청, "(경제회복을 위해) 힘 좀 내자"라고 제안했다. 삼계탕은 땀을 많이 흘리고 입맛이 없을 때 먹는 보양음식, 즉 기력의 회복을 도와준다.

눈밝은 투자자라면 이 날 모임이 경제가 아주 좋지 않다는 신호를 보낸 것임을 알아차릴 수 있다. 그러나 당시 외국인 투자자들은 수급으로 주가를 끌어올리며 주식시장과 실물이 서로 다른 길을 걷는 모습을 연출했다.

너무 앞질러갔다고 판단되면 주가는 가격이나 시간을 통해 자연스럽게 균형을 유지한다. '과유불급(過猶不及)'을 잊지 말아야 한다. 많이 올랐다는 것이 최대의 악재가 될 수 있다. 과열에 대한 반작용은 반드시 나타난다. 감기에 걸렸을 때와 같이 푹 쉬는 자세가 다음을 위해서 필요한 경우도 있다.

05 식성-단골손님이 많은 종목은 무엇일까?

미식가는 자신만의 독특한 미각을 통해 맛깔스런 음식을 찾아나선다. 거리와 가격 불문이다. 반면 평범한 사람에게 "뭘 드시겠습니까?"라고 물으면 '아무거나…'라는 대답이 나온다. 그저 한 끼를 때우면 그만이라는 투다.

주식시장에서도 추세적으로 매기(買氣)가 몰리고 있는 종목과 매기가 철새처럼 이동하는 종목은 본질가치가 다르다. 물론 좋은 식당(종목)은 단골손님(투자자)을 많이 갖고 있다.

그렇다면 단골손님이 많은 종목은 무엇일까? 우선 배당을 많이 주는 기업이 꼽힌다.

주가가 떨어질 때마다 자사주를 사들이는 기업에도 늘 손님이 많다. 기업의 내부 사정을 가장 잘 아는 경영진이 앞장서 주식을 사들이는 건 향후 전망이 좋다고 보는 방증이다.

최근 미국에서는 기업실적보다는 배당금에 대한 관심이 커지고 있다고 한다. 배당금은 투자자에게 현금으로 직접 지급되므로 속일 수가 없기 때문이라는 것. 특히 고성장시대가 마감되면 분배에 관심이 커지고, 자연스럽게 고배당 종목이 인기를 끌 것이다. 단골손님(소액주주)에게 배당금을 좀더 나눠줄

24

수 있으면 금상첨화다.

주가가 떨어질 때마다 자사주를 사들이는 기업에도 늘 손님
이 많다.

기업의 내부 사정을 가장 잘 아는 경영진이 앞장서 주식을
사들이는 건 향후 전망이 좋다고 보는 방증이다. 주당순이익
(EPS)이 꾸준히 늘어나는 기업에도 매기가 몰린다.

06 본질은 회사–주식은 껍질이고, '본질은 회사'일 뿐이다

한 인터넷 도서 판매업체가 국내 최대의 오프라인 서점인 교
보문고 광화문점을 제치고 2002년에 책을 가장 많이 팔았다.
얼마 전까지만 해도 도저히 생각할 수 없는 일이다. '닷컴' 기
업들이 달라졌다. 성장성을 무기로 '코 묻은' 자금을 끌어모
으던 2~3년 전의 모습이 아니다. 수익을 내는 닷컴기업이 잇
따르고 있다.

다음커뮤니케이션과 NHN, 네오위즈 등 코스닥을 대표하는
닷컴주가 오랜 질곡을 탈출, 상승의 날갯짓을 하는 것도 상황
의 변화를 보여주고 있다.

우리는 실생활 속에서 유망종목을 고를 수 있는 환경에 살
고 있다. 특히 산업의 흐름과 발전방향을 잘 꿰뚫으면 전망 있
는 유망주를 입도선매할 수도 있다. 증권가에서는 △1960년
이후 출생한 중산층 이상 △가격보다 가치위주의 소비성향 △

여가와 문화생활을 즐기며 삶의 질 향상에 적극적인 계층을 통칭하는 '신(新)소비집단'이 향후 소비를 주도할 것으로 예상하고 있다. 새로운 소비집단에 주목하는 투자자라면 △백화점 △택배 △여행 △영화 관련 업체의 업황을 수시로 분석할 수 있다. 투자자 스스로 애널리스트가 될 수 있다는 얘기다.

주식시장은 럭비공처럼 튄다. "이보다 더 좋을 수 없다"라며 대세 상승을 외치는 와중에 상투를 잡는 경우가 허다하다. 또 극도의 비관론에서 바닥을 다지고 오름세를 타기도 한다. 따라서 당대 최고의 펀드매니저들은 하나같이 "주식에 투자하지 말고 회사에 투자하라"라고 입을 모은다.

유망한 종목을 미리 사둔 뒤 남들이 평가해줄 때까지 기다리는 방식이다.

주식에 투자하게 되면 하루하루의 등락이나 재료에 민감해지고, 투자하고 있는 회사 자체에 대해서는 무관심해지게 마련이다. 그러나 주식의 본질은 특정 회사에 대한 지분을 표식으로 소유하는 것이다. 결코 유동성이나 주가등락이 본질은 아니다.

회사의 영업은 악화되고 있는데 증시가 좋아진다든지, 가격이 많이 하락했다든지 하는 재료로 덥석 매수하고서는, 뜻밖의 추가 하락 때문에 뒤늦은 후회를 하곤 한다. 회사에 투자하지 않고 주식에 투자했기 때문이다. 주식은 껍질이고, '본질은 회사'일 뿐이다.

열대과일-겉만 봐선 좋은 종목을 고를 수 없다

지난 2000년에 〈캐스트 어웨이(Cast away)〉라는 영화가 국내에서 개봉된 적이 있다. 이 영화는 택배업체인 페덱스 직원인 톰 행크스(Tom Hanks)가 사고로 무인도에서 고립된 생활을 하며 인간 내면의 변화를 겪게 된다는 내용을 담고 있다.

폭넓은 문화적 체험, 이른바 '콘텐츠'를 파는 사업이 '화수분'으로 부각되고 있다.

처음 무인도에 던져진 주인공은 열대과일로 갈증을 해소하려고 하나 오히려 거친 껍질에 손을 베이기도 한다. 어찌 보면 열대과일은 향기롭고 맛좋은 속을 감추려고 거친 껍질로 자신을 휘휘 감싼 모습이다.

갈수록 맛있는 과일을 고르기가 어려워지고 있다. 속성과 숙성 기술이 나날이 발달하면서 겉만 봐선 다른 점을 쉽게 구별할 수 없게 되었다. 열대과일처럼 속을 감추는 위장술이 발달한 것으로 보일 정도다. 마찬가지로 주식시장에서 좋은 종목을 고르기란 쉽지 않다.

새로운 업종이 출현하면서 과거의 잣대로 종목을 고르는 것은 그다지 큰 의미가 없기 때문이다. 특히 서비스산업의 부가가치가 올라가고 상대적으로 제조업의 부가가치가 떨어지면서 '소유의 종말'을 애기하는 학자들

도 나타나고 있다. 한동안 이른바 '딴따라'라고 폄하되었던 연예관련 회사가 새롭게 각광받고 있는 것도 이 때문인지 모른다.

폭넓은 문화적 체험, 이른바 '콘텐츠'를 파는 사업이 '화수분'으로 부각되고 있다. 건강, 스포츠와 게임, 음악, 영화 등이 그 대표적인 분야다. 시장에서는 이 같은 주식들이 떼지어 움직이고 있다.

08 암소 두 마리─투명경영을 실천하는 기업을 잡아라

한동안 암소 두 마리에 얽힌 유머 시리즈가 인기를 끌었다. △전통적 자본주의＝한 마리를 팔아서 수소를 산다. 소가 불어나고 경제규모가 커진다 △일본 회사＝암소를 다시 디자인해서, 크기는 보통 암소의 10분의 1, 우유는 20배 더 만들어내도록 고친다. 또 암소 만화 캐릭터를 만들어서 전세계에 내다 판다 △엔론(Enron)식 자본주의＝복잡한 거래를 통해 결국 국민들이 수소를 사들인다.

자산의 효과적인 활용을 통해 재테크를 하는 게 투자의 기본. 문제는 눈속임이 횡행하는 그 과정에서 코피를 흘리는 '개미군단'이 많아진다는 점이다. 2002년 '엔론 사태'가 터진 이후 미국은 독립적인 회계감독기구를 만들었고, 우리나라도 회계제도 개혁에 손발을 걷어붙이고 있다. 공정공시와 감사제도

(컴플라이언스)가 강화됐고 미국에선 최고경영자(CEO)의 투명회계서약으로까지 이어졌다.

그 결과 시장의 변동성은 줄어든 반면 안정성이 높아진 것도 부인할 수 없는 현실이다. 기업이익이 중간에 새는 걸 막으면, 훗날 그것은 투자자의 손으로 돌아올 수 있다. 실제로 주주 우선의 투명경영을 실천하는 기업에 매기가 몰리고 있다. 주주가치에 대해 '나 몰라라' 하는 종목은 '잡주'에 불과하지 않을까?

09 배낭─목적지(수익률)와 여행기간(보유기간)을 정하라

여행을 자주 다니는 사람은 배낭을 꾸리는 방법도 남다르다. 넣을까 말까 망설이게 되는 물건은 과감하게 제외시킨 채 꼭 필요한 것만 챙긴다. 그 중에서도 다양한 용도로 쓸 수 있는 물건에 우선권을 준다. 차고 넘치는 배낭을 지고 다니는 여행이란 '고행(苦行)'이 되기 십상이다.

자신의 '투자 배낭'을 꾸리는 일도 마찬가지다. 욕심을 내 이 종목, 저 종목 잔뜩 채워넣으면 뒤탈이 난다. 목적지(수익률)와 여행기간(보유기간)을 정하지 않고 출발한데다 물건(매수 종목)의 용처도 제대로 파악하지 않은 탓이다.

주가가 조금 오를라 치면 '네버 업 네버 인(Never Up, Never In)'을 강조하는 사람이 늘어난다. 퍼팅할 때 지나치지 않으면

'투자 배낭'을 꾸릴 때 욕심을 내서 이 종목, 저 종목 잔뜩 채워넣으면 뒤탈이 난다.

홀인(hall-in)시킬 수 없다는 뜻. 마치 지나치지 않으면 큰 수익을 낼 수 없다는 메시지를 보내는 셈이다. 그렇지만 개미들이 꿈꾸는 '대박'은 이루어질 확률이 낮다. 대신 위험을 분산해 놓은 뒤 적정 수익을 도모하면 성공 확률이 높아진다.

노자(老子)도 "자신을 잔뜩 높이려고 발가락 끝으로 서는 사람은 오래 서 있을 수 없고, 무리하게 보폭을 넓히면 오히려 멀리 갈 수 없다"라고 했다. 상승 장세일수록 리스크 관리가 중요하다.

10 돼지저금통─알토란 같은 기업을 인수하는 M&A 테마

누가 어떤 기업을 살 것이란 그럴 듯한 소문에서 시작되는 인수·합병(M&A) 테마는 지키려는 자와 차지하고 말겠다는 자의 '임전무퇴'에 바탕한 싸움으로 주식시장을 활활 타오르게 한다.

현재 장기간에 걸친 시장 침체로 상장(코스닥)기업의 주가가 크게 하락한 상태여서, 적은 인수자금으로도 알토란 같은 기업을 인수할 수 있는 여건이 조성돼 있다. 주가가 청산가치를 밑도는 회사는 수두룩하다.

경영권 분쟁 끝에 창업자 오상수

씨가 물러가고 전문투자자인 홍기태 씨가 경영권을 인수한 새롬기술이 그 대표적인 경우라 할 수 있다. 새롬의 경우 현금자산이 1,700억 원에 달해 침을 흘리는 기업사냥꾼이 많았다는 후문이다. 다른 사람이 알뜰살뜰 모아놓은 돼지저금통을 차지하려는 게 바로 이 시대의 M&A다.

새롬기술은 IMF 금융위기를 극복할 수 있는 벤처 신화의 주역이었다. 우리나라의 척박한 토양에서도 벤처와 IT 산업의 싹을 틔울 수 있다는 희망을 준 기업이었다. 그 기대감으로 지난 2000년 초에는 주가가 30만 8,000원(액면가 500원)까지 치솟기도 했다.

이 회사가 급류에 휘말리게 된 것은 '염불보다 잿밥'에만 관심을 키운 경영진 책임이 크다. 결과적으로 '잿밥' 때문에 경영권이 바뀌고 말았으니 역설적이지 않을 수 없다. 새롬기술처럼 묵직한 '돼지저금통'을 꿰차고 있는 기업은 늘상 기업사냥꾼의 표적이 될 수 있는 것이다.

11 가장 빨리 가는 길—초등학교 동창 같은 주식이 강세장을 만든다

어느 날 영국의 한 신문사가 이색적인 공모를 냈다. "영국의 최북단에서 런던까지 가장 빨리 가는 방법은 무엇일까요?" '비행기', '기차', '자동차' 등 여러 가지 안(案)이 나왔다. 그러나 정답은 '좋은 친구와 함께 가는 것'이었다.

좋은 친구란 무엇일까? 만나면 마음이 편해지는 사람이 바로 좋은 친구다. 그래야 속 깊은 고민을 털어놓을 수 있다.

샴페인과 포도주는 같은 원료이면서도 서로 다른 환경에서 성장한 형제라고 할 수 있다. 포도주를 한번 더 발효시킨 게 샴페인이다. 포도주는 애환이 녹아든 인고(忍苦)의 삶을 상징한다. 반면 샴페인은 '굵고 짧은' 삶을 표현한다. 마개가 빠질 때 나는 '펑' 하는 소리와 함께 부풀어오르는 거품이 매력적인 특징이다.

투자자라면 누구나 자주 샴페인을 터뜨리고 싶어한다. 그렇지만 주식도 포도주나 친구처럼 오래 된 게 좋지 않을까? "친구와 술은 오래 될수록 좋다"라는 얘기는 숙성을 강조하는 것이다. '숙성'을 쉽게 풀어쓰면 '산전수전'일 것이다. 오랫동안 산전수전을 겪으며 동고동락한 친구가 제일이다.

꾸준히 투자자의 마음을 저버리지 않는 주식은 실적이 뒷받침되는 실적주일 것이다. 자동차·철강·화학 등 초등학교 동창 같은 주식이 시장의 전면에 나서야 강세장이 형성된다.

12 다이 하드-고비마다 살아남아 지속적인 상승세를 보이는 주식

마케팅학 교과서를 보면 '20 대 80 법칙'이란 게 있다. 단골고객 20%가 회사 매출의 80%를 올려준다는 게 '20 대 80 법칙.' 이탈리아의 경제학자 비프레도 파레토(Vilfredo Pareto)는 가장 충성심이 뛰어난 고객이 주변사람에게 제품을 구매하도록 권유한다는 사실을 발견했다.

금융자산을 굴리는 데도 20 대 80 법칙이 통한다. 자산증식의 80%는 20%의 투자대상에서 결정되게 마련이다. 20%에 속하는 종목이 항상 미인주 대열의 선두에 있다는 얘기다. "달리는 말이 속도를 더 낸다"라는 식이다. 이른바 '다이 하드(Die Hard)' 주식인 셈이다. 영화 〈다이 하드〉의 주인공처럼 고비마다 살아남아 지속적인 상승세를 보이는 주식을 의미한다.

'다이하드' 유형이란 제반 이동평균선이 정배열 상태로 접어든 종목을 의미한다. 이들 종목은 대개 20일 이동평균선을 지지선으로 상승세를 잇는다. 조정을 받은 후에는 'N' 자형 반등세를 보인다. 침체장이나 상승장 모두에서 '다이 하드' 주식은 생명력이 길다.

'다이하드' 유형이란 제반 이동평균선이 정배열 상태로 접어든 종목을 말한다. 침체장이나 상승장 모두에서 '다이 하드' 주식은 생명력이 길다.

13 | 미인 투표─주식투자에서 가장 중요한 것은 다른 참가자의 생각

존 메이너드 케인스(John Maynard Keynes)는 "주식투자는 미인투표다"라는 유명한 말을 남겼다. 그는 주식투자에서 가장 중요한 것은 자신이 아닌 다른 시장 참가자의 생각이며, 일반적인 투자자의 생각을 따르는 게 성공의 지름길이라고 강조했다. 실제로 거래량이 눈에 띄게 늘면서 시장의 관심이 모아지는 종목이 '미인주' 가 되곤 한다.

지긋지긋하던 IMF 금융위기를 졸업한 우리나라에서는 그 동안 미인주의 면면이 바뀌어왔다. '턴어라운드(Turnaround)' 기업을 대표적인 현상으로 들 수 있다. 몸집을 줄이거나 체질을 바꾼 그들에게 시장참가자들은 후한 점수를 주고 있다. 또 '주주 우선'에 발벗고 나서는 기업도 미인주 반열에 오르고 있다. 왜 이 같은 상황이 벌어질까?

투자자들은 기존의 미인주가 '소문난 잔치집'에 불과할 뿐이라고 판단하고 있다.

투자자들이 기존의 미인주에 식상한 탓이다. 투자자들은 기존의 미인주가 '소문난 잔치집'에 불과할 뿐이라고 판단하고 있다. 반면에 새롭게 미인주 반열에 오르고 있는 주식은 손때가 묻지 않았다. 상승시에 매도 압력을 적게 받는데다 실적도 자랑할 만하다. 자신을 확 뜯어고치면 시장이 달리 봐준다. 손을 타지 않은 것을 좋아하는 것은 주식시장도 예외가 아니다.

14 CEO 주가─좋은 회사를 고르는 잣대의 하나로 CEO를 관찰하라

"회장님은 배당금 같은 거 안 챙기십니다." 한 펀드매니저가 모 대기업 IR 담당자에게 들은 말이라고 한다. 이것이 곧 배당을 많이 하지 않는 이유란다. '회사는 나의 것'이라는 오너의 고정관념을 주주들이 달가워할 리 없다. 이 같은 주주경시 풍조가 '코리아 디스카운트(Korea Discount : 한국의 구조적 모순을 반영하는 한국 주식에 대한 인색한 평가)'의 1차적인 원인이 된다.

주식투자자도 이젠 CEO를 본격적인 탐구대상으로 올려놓을 때다.

김정태 현 국민은행장이 국민은행과 주택은행의 통합은행장으로 선임된 뒤 한동안 주가가 가파르게 상승하면서 'CEO 주가'에 대한 관심이 커졌다. 삼성 이건희 회장은 지난 1993년 이른바 '프랑크푸르트 선언'을 통해 "마누라와 자식을 빼놓고 다 바꿔라"라고 강조했다.

10년이 지난 지금 이 회장은 "5~10년 뒤 무얼 먹고 살지를 찾아보라"며 경영 화두를 바꿨다. 삼성전자의 시가총액이 얼마 전까지 '큰바위 얼굴'이었던 일본 소니(Sony)를 앞지르게 된 것도 그럴 만한 이유가 있다는 생각이 든다.

미국에선 시가총액 1위사인 제너럴 일렉트릭(GE)이 당대 최고의 CEO였던 잭 웰치(Jack Welch) 회장의 공백을 메우지 못해 한동안 뒤뚱거리는 모습을 보였다. 특히 CEO의 경영전략과 비전에 따라 회사가치는 천양지차로 갈린다.

주식투자자도 이젠 CEO를 본격적인 탐구대상으로 올려놓을 때다. 한국의 CEO가 '제왕적' 이미지를 벗어던지고 '실무형'으로 바뀌는 점도 참고대상이다. 한때 '구조조정의 마술사'라는 서두칠 씨가 이스텔시스템즈의 사령탑으로 선임되면서, 그 회사의 주가가 덩달아 오른 경우도 있다.

투자자들이 좋은 회사를 고르는 잣대의 하나로 CEO를 관찰하도록 만든 것도 불황이 가져다준 선물이 아닐까?

스토브 리그-경기 후퇴기에 좋은 주식을 발굴해 경기 확장기까지 보유하라

야구나 축구의 프로리그가 막을 내리면 곧바로 '스토브 리그(Stove League)'가 개막된다.

스토브 리그는 선수 보강과 이적, 그리고 성적에 따른 연봉 재계약 등 다음 한 해를 준비하는 시간이다. 팬들의 관심사는 한 해를 빛낸 스타들의 연봉 재계약에 쏠린다.

그러나 대어(大魚)로 성장할 유망주를 발굴, 내년 시즌의 '히든 카드'로 준비해두는 작업이 실제로 스토브 리그를 뜨겁게 달구는 요인일 것이다. 땀으로 얼룩진 한 해를 마감한 선수들과 구단관계자들이 실제로는 휴식다운 휴식을 취할 수 없는 이유이기도 하다.

많은 프로구단들은 아프리카 변방의 작은 도시에까지 스카우트의 손길을 뻗쳐 꿈나무를 발굴한다. 중량급으로 성장하면 다른 팀으로 트레이드시켜 차익을 챙기기도 한다. '보스턴 레드삭스'의 김병현과 '시카고 커브스'의 최희섭은 스카우터의 입장에선 '빈 집에 황소가 들어온' 격일 것이다.

주식투자자의 입장에서는 경기 후퇴기에 좋은 주식을 발굴해, 경기 확장기까지 보유하는 게 스토브 리그를 효과적으로 보내는 길일 것이다. 정규 시즌이랄 수 있는 상승장과 스토브 리그로 볼 수 있는 하락장에서 할 일이 따로 있다는 점을 명심해야 한다.

주식투자자의 입장에서는 경기 후퇴기에 좋은 주식을 발굴해, 경기 확장기까지 보유하는 게 스토브 리그를 효과적으로 보내는 길일 것이다.

16 경마─뒷심이 센 추입마는 어느 것일까?

경마(競馬)에 출전하는 말들은 그 주행 특성에 따라 선행마(先行馬)와 추입마(追入馬)로 나뉜다. 선행마는 초반 레이스를 주도한다. 그러나 선행마가 끝까지 선두를 지키는 경우는 흔치 않다. 선행마가 매번 1등으로 골인한다면 재산까지 탕진하는 경마광들이 양산되진 않을 것이다.

경마를 미치도록 재미있게 만드는 건 뒷심이 좋은 추입마다. 추입마는 중반 레이스까지는 중간 그룹에서 달리다가 막바지에 선두 그룹에 나선 뒤, 최후의 직선주로에서 1등으로 치고 나간다. 통계상 추입마의 승률이 선행마보다 훨씬 높다고 한다. 선행마에 비해 견제를 덜 받으며 페이스 조절을 할 수 있는 게 추입마의 막판 스퍼트에 도움을 준다.

주식시장에서도 수많은 레이스가 벌어진다. 경마의 눈으로 보면 재미있다. 어떤 종목이 추입마일까? 필자의 지인 A씨의 주식투자 경험담을 들어보자.

"지난 1998년부터 틈틈이 아내 몰래 삼성전자 주식을 사들였습니다. 많게는 몇십 주를, 적게는 몇 주를 산 적도 있습니다. 재테크에는 전혀 관심이 없었는데 증권사에 근무하는 친구가 '저축하는 마음'으로 사두라고 권유했습니다. 중간에 가파르게 미끄러지기도 했으나 눈도 꿈쩍하지 않았습니다. 최근 보니까 꽤 많이 올랐더군요. 지금도 팔 생각은 전혀 없습니다.

A씨는 지금 수억 원의 평가익을 내고 있다. 조급증에 흔들리지 않고, '대박'을 노리지 않은 결과다.

회사 다닐 동안엔 팔지 않을 겁니다. 은퇴한 뒤 매각대금으로 골프 회원권이나 하나 살까 합니다. 그래야 친구들이 모여든다고 하더군요."

A씨는 지금 수억 원의 평가익을 내고 있다. 조급증에 흔들리지 않고, '대박'을 노리지 않은 결과다.

17 차이나 플레이—중국을 모르면 주식투자에서 뒤처지는 시대

중국을 모르면 주식투자에서 뒤처지는 시대에 바짝 다가섰다. 앞으로는 공시 항목에 중국이 따로 등재될 날도 멀지 않은 것 같다.

삼성 · LG · 현대자동차 · SK 등 주요 대기업은 최근 들어 '중국 비즈니스'를 강화하고 있다. 중국은 진출 초기에는 저임금이 매력적인 '생산기지'였을 뿐이다. 그러나 현재는 비싼 물건도 팔 수 있는 '구매력의 보고'로 바뀌고 있다.

중국(500억 달러)은 미국(440억 달러)을 제치고 외국인 직접투자가 가장 많은 나라가 됐다(2002년 통계). 세계 각국에 거미줄처럼 네트워크화된 화교자본을 끌어들이는 노력도 병행하고 있다. 중국 본토가 '공장'으로 바뀌면서 화교자본의 영향력이 그만큼 커졌기 때문이다.

증권가에서는 "중국 비즈니스의 성패가 기업의 안정과 성장을 함께 좌우할 것"이라며 이를 중요한 투자잣대로 삼으려는 움직임이 나타나고 있다. 중국시장 개척노력과 과정을 '차이나 플레이'라는 신조어로 표현하고 있다. 사스(SARS : 중증급성호흡기증후군) 때문에 중국의 고속성장세에 제동이 걸린 게 사실이지만 '역사의 시계'가 거꾸로 돌지는 않을 것이다.

대기업 그룹들은 생존조건을 확보하지 않으면 흑자기업도 정리하겠다며 배수진을 치고 있다. 무서운 기세로 치고 올라오는 중국을 염두에 둔 것이다. 중국을 모르면 주식투자에서 뒤처지는 시대에 바짝 다가섰다. 앞으로는 공시 항목에 중국이 따로 등재될 날도 멀지 않은 것 같다.

18 바람과 라이언 ─ 시장이 인정하는 종목에 올라타라

이루어질 수 없는 사랑은 숙명적으로 절절하다. 지금으로부터 20년 전에 개봉됐던 〈바람과 라이언(The wind and the lion)〉이 바로 그와 같은 안타까운 사랑을 그린 영화다. 인질로 잡힌 미국의 중년 부인(캔디스 버겐)과 아랍 반군 지도자(숀 코네리)의 러브스토리가 스크린에서 눈을 떼지 못하게 한다. 특히 두 사람이 서로 다른 문화배경을 이해해가는 과정은 사랑보다는 '화해'에 가깝다. 그러나 영화는 어디까지나 영화. 서로를 볼모로 삼는 미국과 아랍 진영의 갈등은 오늘날에도 지속되고 있다.

주식시장에서도 '영원한 대박주'는 없다. 주식은 천의 얼굴을 지니고 있다. 한동안 웃음보따리를 선사하던 주식이 한순

주식투자자는 얼굴 화장보다는 내면을 가꾸는 데 정열을 기울이는 주식에 관심을 가져야 한다. 시장은 한 번 틀을 만들어내면 상당 기간 그 틀 안에서 움직인다.

간 투자자를 속상하게 만드는 애물단지로 전락한다. 또 기대하지 않았던 종목이 성숙하게 자라나 투자자에게 보답하기도 하고, 웃자란 모습을 보이다가 홀연히 퇴장당하기도 한다.

따라서 투자자도 얼굴 화장보다는 내면을 가꾸는 데 정열을 기울이는 주식에 관심을 가져야 한다.

시장은 한번 틀을 만들어내면 상당 기간 그 틀 안에서 움직인다. 따라서 시장이 인정하는 종목에 올라타는 게 대안이다. 그게 '화해' 다.

19 난초와 잡초－비싼 가격에 잡초를 사서 바가지를 쓸 수 있다

대세 상승장에서는 기업내용이 신통치 않은 주식도 우량주식과 어깨동무하며 오름세를 탄다. 따라서 비싼 가격에 '잡초' 를 사서 바가지를 쓸 수 있다. 반대로 약세장에서는 수익성과 성장성이 좋은 주식도 도매급으로 매를 맞는 경우가 많다. 많은 투자자들이 절망감에 사로잡혀 서둘러 '난초' 를 뽑아내기 때문이다.

매입가보다 15~30% 가까이 주가가 떨어질 때 기관이 보유지분을 내다 파는 손절매(loss cut)도 '난초' 에 집중된다. 회사실적이 좋거나 실적에 비해서 주가가 정당한 대접을 받지 못하는 주식이 난초다. 비록 회사의 질이 높더라도 모두가 좋다고 판단해 이미 주가가 많이 올라 있으면 투자자 입장에서는

이익 증가폭이 더디더라도 이익을 확실하게 거두는 회사와, 이익이 많이 날 것처럼 보이나 그 가능성이 낮은 기업 중에서 하나를 골라야 한다면, 앞의 회사를 선택해야 한다.

40

썩 좋은 주식이 아니다.

질이 좋은 회사는 지금 장사를 잘 하고 있는 것은 물론, 앞으로도 장사를 잘 할 가능성이 높다. 앞으로 이익이 많이 늘어날 것으로 예상되고, 그 예상이 실제로 이루어질 가능성이 높아야 한다는 얘기다. 예컨대 생명공학 회사는 제품개발에 성공하면 이익이 엄청나게 늘어나지만 성공할 가능성은 낮다는 게 단점이다.

이익 증가폭이 더디더라도 이익을 확실하게 거두는 회사와, 이익이 많이 날 것처럼 보이나 그 가능성이 낮은 기업 중에서 굳이 하나를 골라야 한다면, 앞의 회사를 선택해야 한다. 손절매할 때는 뒤의 회사부터 팔아야 한다.

20 고정간첩─컴맹은 주식시장을 떠나라

북한이 남쪽에 있는 고정간첩에게 자금 지원을 전면 동결했다는 풍문이 나돈 적이 있다. 고정간첩이 입수하는 첩보 수준이 너무 조악해서 필요성을 느끼지 못한다는 설명이 따라붙는다. 사실인지는 불투명하다. 그러나 인터넷이 고정간첩 시대의 종언을 고했다는 사실은 흥미를 끈다.

사실 인터넷을 통해 주요 정부기관의 홈페이지를 검색하면 웬만한 정보를 공짜로 얻을 수 있다.

미주알고주알 인물정보에서부터 각 부처의 중요한 사업계

시장은 전광석화의 판단력을 요구한다. 적어도 끈 떨어진 '고정간첩' 신세를 면하려면 인터넷 활용법도 모르는 '컴맹'은 서둘러 시장을 떠나야 한다.

획을 중·장기로 나눠 파악할 수 있다. 각종 최신 통계자료들도 올라와 있다. 최근에는 여론의 반응까지 살펴볼 수 있게 되었다. 경우에 따라서는 쌍방향으로 의견을 교환할 수도 있다. 생각해보면 고정간첩의 설자리가 없어질 만하다.

주식시장은 거대한 정보시장. 최근에는 '공정공시'라는 이름으로 세세한 정보까지 투자자에게 전해진다. 반면에 정보생산자와 유통자의 입 단속을 강화하는 추세다. 입 단속이 강화되는 만큼 정보 수요는 오히려 더 커지고 있다.

손자(孫子)는 "싸우지 않고 적을 굴복시키는 게 최선의 계책"이라고 했다. 특히 공격보다는 방어(수비)가 우선이며 지지 않는 것, 즉 불패(不敗)가 중요하다고 강조한다.

또 다음과 같은 말도 했다.

"승리하는 군대는 먼저 승리할 수 있는 상황을 정해놓고 전쟁을 시작한다. 반면에 패배하는 군대는 전쟁을 일으킨 다음에 승리를 구한다."

시장은 전광석화의 판단력을 요구한다. 적어도 끈 떨어진 '고정간첩' 신세를 면하려면 인터넷 활용법도 모르는 '컴맹'은 서둘러 시장을 떠나야 한다.

21 계영배–몰빵과 대박의 사이

평소에 두각을 나타내지 못하던 한 펀드매니저가 한 종목에 이른바 '몰빵'을 쳐 '대박'의 주인공이 됐다. 그 대가로 거액의 보너스도 받았다. 그러나 이튿날 그는 해고 통지서를 받는다. "대박은 언제든 쪽박이 될 수 있다"라는 사장의 말과 함께 말이다. 실제로 영국 증권업계에서 벌어졌던 일이다.

　냉정한 승부세계에서 허황된 욕심은 통하지 않는다. 그래서 "달걀을 한 바구니에 담지 말라"고 했다. 이른바 포트폴리오(Portfolio) 이론이다. 포트폴리오는 원래 몇몇 폴더에 서류를 분류해 담을 수 있는 '서류 가방'이란 뜻이다. 증시에서는 속성이 서로 다른 여러 종목에 분산 투자함으로써 개별종목이 지니고 있는 고유한 위험을 가능한 한 줄여보자는 의미로 쓰인다. 위험과 기대수익 간에 타협점을 찾아보자는 것이 바로 가슴이 뜨거운 개인투자자에게 필요한 전술이다.

　노자의 《도덕경(道德經)》에는 계영배(戒盈盃)라는 신비한 술잔에 대한 일화가 나온다. 이는 7부까지만 채워야지, 그 이상을 부으면 이미 부은 술마저도 사라져버리는 신비로운 술잔이다. 실제로 어떤

7부까지만…

그릇에 물을 채우려 할 때, 지나치게 채우고자 하면 곧 넘치고 마는 이치와 같다. 무작정 '대박'을 노리는 개인투자자의 투자 자세는 욕심껏 잔을 채우려는 것과 다르지 않다.

22 주주님이 무서워─주주 우선주의가 회사의 가치를 바꾼다

시장참가자들은 주식시장에서 빚쟁이가 되느냐, 소유주(주주)가 되느냐를 놓고 고민한다. 국공채나 회사채 등 채권을 사는 것은 기업에게 돈을 빌려준 채권자(빚쟁이)가 되는 것이고, 주식을 사는 것은 기업의 주인이 되는 셈이기 때문이다.

예전에 회사의 입장에서는 채권자가 더 무서웠다. 채권자가 한꺼번에 채권을 회수해가면 영락없이 부도가 나는 금융구조였기 때문이다. 이 때문에 한동안 금융회사가 곧 '금융기관'이라는 별명을 얻기도 했다. 반대로 주주에 대해서는 "돈놀이를 하려고 주식을 샀겠지" 하며 대접이 소홀했던 게 사실.

그러나 최근에는 주주와 빚쟁이 대한 대접이 달라지고 있다. 회사의 정책에 대해 주주의 발언권이 커지는데다 배당 등으로 주주를 우대하는 회사가 늘고 있다. 2003년 초 투자자의 눈길을 끈 두 '사건'이 벌어졌다. SK텔레콤과 풀무원이 주주들에게 '백기'를 든 게 바로 그것이다. 특정 정책이 주식가치의 하락을 불러온다며 주주들이 거세게 반발한 데 대해 회사측이 당초 계획을 전격 철회한 것.

성장 둔화 국면에서는
'주주 우선'이 화두가
될 수밖에 없다.

성장 둔화 국면에서는 '주주 우선'이 화두가 될 수밖에 없다. 바쁜 일상에서 벗어나야 가족 및 친지의 소중함을 느낄 수 있는 이치와 같다. 장기적으로는 주주가 되는 것이 빚쟁이가 되는 것보다 수익률 면에서 유리하다는 통계가 있다.

23 브랜드 칩-브랜드 가치에 주목하라

브랜드 칩이 주목받고 있다. 브랜드 상품은 시장점유율이 높아지면서 매출 및 수익이 늘어나게 되고, 이에 따른 기업가치 상승을 이끌어내는 상품이다. 브랜드 자체가 '시너지 효과'를 발휘하는 것을 말한다. 시너지 효과는 '1＋1'이 2 이상의 효과를 낼 경우를 가리키는 말. 상승효과(相乘效果)라고도 한다. 예컨대 주유소에서 건강식품을 판매하면 새로운 점포를 설치할 필요가 없으며, 유통비용도 절감되는 경우다.

시장 변동성이 큰 우리나라 시장에서도 브랜드 칩이 안전투자에 걸맞다는 분석이 많이 나타난다.

시너지 효과를 동반하는 브랜드 칩은 '자가발전'에 따라 명멸하는 2류 브랜드와는 사뭇 다르다. 부동산 전문가들이 "고급 아파트에 장기 투자하는 게 좋다"라는 논리를 펴는 것도 브랜드 상품을 염두에 둔 판단이다. 내릴 때는 많이 빠지지 않고 오를 때는 더 높이 뛰기 때문이다.

시장 변동성이 큰 우리나라 시장에서도 브랜드 칩이 안전투자에 걸맞다는 분석이 많다. 특히 브랜드 가치가 높은 기업에게 프리미엄을 주어야 한다는 지적이다. 업종 대표기업들이

기업 자체의 브랜드가 높거나, 브랜드 가치가 높은 제품을 보유함으로써 기업가치를 높게 평가받고 있다.

실제로 국산제품의 브랜드 가치 평가결과, 브랜드 가치와 시장점유율은 비례하는 것으로 밝혀졌다. 산업정책연구원의 조사결과, 브랜드 가치에서는 삼성전자가 1위를 차지했고, LG전자·SK텔레콤·한국통신·포스코·현대자동차·KTF·롯데쇼핑·삼성SDI·SK 등이 그 뒤를 이었다(2002년).

주식투자자는 상품 유통시장에서 평가되는 브랜드 가치에도 관심을 가져야 한다.

24 엘리베이터-9층 직원의 고민

새로 지은 고층건물에는 보통 엘리베이터가 여러 대 설치돼 있다. 고층용과 저층용이 있는가 하면 모든 층에 서는 '완행'도 있다. 고층용은 11층 이상, 저층용은 10층까지만 운행하는 엘리베이터가 따로 있는 20층짜리 건물이 있다고 치자. 9층에서 근무하는 직원이 20층에 볼일이 있을 때 어떤 엘리베이터를 타는 게 가장 현명할까?

1층으로 내려간 뒤 고층용 직행을 탈 수도 있고, 완행을 택할 수도 있다. 어떤 판단이 현명한지 결론을 내리기가 쉽지 않다. '경우의 수'가 서로 다르기 때문이다.

주식투자자들은 항상 '9층 직원'과 같은 고민을 한다. 특히 주식투자자들은 대부분 주위의 권유나 언론이 전하는 성공담을 읽고 주식시장에 진입하기 때문에 더더욱 그렇다. 체계적인 연구나 투자철학 없이 시장 분위기에 편승했다가 손실을 보는 경우가 많다.

반면에 여유자금을 부동산이나 은행에 맡겨놨다가 낭패를 봤다는 사람은 많지 않다.

주식과 부동산 투자의 차이점은 무엇일까? 투자기간이 다르다는 것이 가장 큰 차이점일 것이다. 부동산은 '주거' 라는 삶의 기본적 욕구 충족과 시세 상승을 함께 고려하기 때문에 당연히 투자 기간을 길게 가져간다. 그러나 주식은 적은 자본으로도 누구나 쉽게 투자할 수 있기 때문에, 일반적으로 보유기간을 짧게 가져간다.

주식투자자는 크게 세 가지 부류로 나누어볼 수 있다.

첫째, 초단기에 적은 수익을 누적적으로 발생시켜 높은 수익을 추구하는 데이 트레이더 성향의 투자자. 둘째, 장기간 투자하면서 평균적 수익을 추구하는 장기가치 투자자. 셋째, 사회적 분위기에 편승하는 일반투자자 등으로 분류될 수 있다.

엘리베이터를 생각하면서 자신의 투자 스타일을 곰곰이 되새겨보면 재미있을 것이다.

25 거래 '소'와 코스 '닭' – 나와 궁합이 맞는 시장은 어디일까?

새내기 투자자는 우선적으로 잘 알고 있는 거래소 기업에 투자하는 것부터 시작하는 것이 좋다.

주식투자를 처음 하는 사람의 고민 중 하나는 거래소 상장종목에 투자할 것인가, 아니면 코스닥 등록기업에 투자할까 하는 점이다. 거래소시장은 투자자의 다양성과 종목의 안정성으로 주가 변화가 상대적으로 작은 반면, 코스닥 기업은 성장성은 높으나 내재가치가 낮고 경기에 대한 대응력이 취약하다.

거래소는 우직한 황소의 행보를 하는 모습. 코스닥은 가끔씩 비상(飛翔)하는 시장의 이미지다. 눈앞에서 승부가 곧바로 결정되는 곳이 코스닥시장이기 때문에 준비가 안 된 투자자들도 이 곳에 대한 유혹을 떨치기가 쉽지 않다. 역사가 짧은 코스닥 기업들은 등록 후 1~2년 내 대규모 물량 압박을 받는데도, 이 같은 분석은 귓전에서 맴돌 뿐이다

이 같은 특성 때문에 거래소시장은 외국인 투자자, 기관투자자 및 장기 투자하는 개인 '큰손'들이 주류를 이루고 있다. 반면 코스닥시장은 경기 변동성이 크다는 측면에서 주로 단기 투자를 추구하는 개인투자자의 '독립국'이 되고 있다.

따라서 새내기 투자자는 우선적으로 잘 알고 있는 거래소 기업에 투

48

자하는 것부터 시작하는 것이 좋다. 즉 상대적으로 안정적인 거래소시장을 통해 주식투자의 철학과 기법을 터득한 후 리스크가 높은 코스닥시장으로 진입하는 게 투자의 안정성을 높일 수 있는 길이다.

세상이 바뀔 때는 늘 어떤 신호가 나타나게 마련이다. 주식시장에서도 마찬가지다. 누구나

잘 알 것 같지만 실제로 그 신호를 맞을 준비가 돼 있지 않으면 소용이 없다. 때론 신호는

'찰나'의 시간을 틈타 왔다가 간다. 주가의 큰 궤적은 경기 사이클과 맥락을 같이한다. 주식

시장이 먼저 반응할 뿐이다. 경기 흐름을 쫓아가는 투자자는 크게 실패하지 않는다. 다시

말해 기회는 몇 년에 한번씩 꼭 찾아온다는 뜻이다.

2*

투자의 눈금을 읽어라
꼭 알아야 할 지표와 뉴스 읽는 법

01 기회의 땅-모두 나서서 약세장을 외칠 때 바보가 돼 매수의 씨를 뿌려라

여의도 증권가에서는 주식을 살 시기가 왔다는 것을 주식시장이 '기회의 땅'에 진입했다고 표현한다. 그렇다면 '기회의 땅'에 진입했는지를 어떻게 알 수 있을까?

우선 언론의 '과잉 보도'를 신호로 삼는 사람이 있다. 경제신문에 '주가 연중 최저치 경신'이라는 제목이 연일 헤드라인을 장식하며 투자자들을 지치게 만들 때가 '바닥'인 경우가 많다는 것.

달갑지 않은 신호는 경제지표에도 고스란히 묻어난다. 환율이 급락세를 보이고 있는데다 금리가 내림세를 보이는 경우가 태반이다. 환율이 오르면 수출 업체의 채산성이 악화돼 경제가 진퇴양난에 빠져들 수 있다.

이 같은 상황에서 채권에 뭉칫돈이 몰린다는 뉴스가 쏟아진다. 특히 초단기로 운용되는 투자신탁회사의 머니마켓펀드(MMF)가 자주 도마에 오른다. 반대로 고객예탁금은 썰물처럼 빠져나간다. 우리나라만의 독특한 상황이 아니라면 전세계 투자자 사이에 '금 사재기' 열풍이 분다. 그러나 유형자산에서 무형자산으로 자산가치의 중요성이 바뀌고 있는 엄연한 현실에서, 금 타령을 하는 건 '이 때가 기회'라는 신호를 보내주는 경우가 많다.

이처럼 부정적인 뉴스가 쏟아지고 많은 사람이 나쁘다고 생각해 한쪽으로 행동을 통일해갈 때 주가가 변곡점을 만난다. 속살이 튼실한 상장사들은 이 때부터 주식을 사들인다.

2003년 초에도 주식시장이 연중 최저치를 경신하는 약세국면에서 삼성전자가 주식 1조 원어치를 사들여 태워버리겠다고 발표했다.

"모두 나서서 한 목소리로 약세장을 외칠 때 바보가 돼 매수의 씨를 뿌려라"라는 격언이 들어맞는 대목이다. 스마트 머니(smart money)는 바로 이런 때를 노린다. 기회의 땅으로 당신을 인도하는 '보이지 않는 손'이 분명 존재한다.

02 루키즘-새로 작성한 현금흐름표를 꼭 챙겨봐야 한다

얼마 전 한국 여성들이 루키즘(lookism : 외모 지상주의)에 빠져 있다는 분석이 나왔다. 이에 따르면 여성들은 외모 관리에 하

54

루 중 53분을 사용한다. 이러한 분위기라면 용모가 인생을 좌우한다는 생각(68%)을 하고 있는 것이 당연한지도 모른다.

주식투자자도 루키즘에 빠질 수 있다. 간판만 번지르르한 기업이나 핑크빛 증시재료에 고무되기 쉽다. 기업이 만들어내는 '이익의 수준'을 따져볼 줄 알아야 루키즘의 유혹에서 빠져나올 수 있다. 이익의 수준을 알려면 이익의 절대 금액이 아니라, 회사가 투자하는 돈에 비해서 얼마나 많은 이익을 냈는지를 살펴봐야 한다.

이런 것을 판단할 수 있는 지표로서 자산매출회전율(매출액/자산), 매출액영업이익률(영업이익/매출액), 자산이익률(영업이익/자산) 등을 들 수 있다. 이 같은 지표는 한 해의 수준도 중요하지만, 좀더 중요한 것은 그 수준이 과거에 비해서 향상되는지 악화되는지의 흐름을 보는 것이다. 최소 과거 5년 정도의 흐름을 살펴봐야 한다. 분기별 이익의 변동이 적어야 좋은 회사라는 점도 잊지 말아야 한다.

따라서 현금 기준으로 새로 작성된 현금흐름표를 통해 1년 동안 기업에 일어난 모든 거래를 꼭 챙겨봐야 한다.

회사가 장사를 해 이익을 냈는데도 빌린 돈을 갚지 못해 부도가 나는 이상한 경우가 있다. 따라서 현금 기준으로 새로 작성된 현금흐름표를 통해 1년 동안 기업에 일어난 모든 거래를 꼭 챙겨봐야 한다. 회사의 기본 데이터는 줄줄 외우고 있어야 한다.

사귀고 있는 파트너가 처음 만났을 때보다 키가 컸는지, 몸무게는 늘어났는지를 모른다면, 진정한 '애인'이라고 할 수 없을 것이다.

03 자산가치—경기가 좋지 않을 때는 '가치투자'가 최고

경기가 좋지 않을 때는 '가치투자'가 현명한 투자방법이다. 롤러코스터를 타는 주가의 방향을 맞추려는 허망한 노력보다는 기업가치와 현실을 저울질해보는 노력이 바람직하다.

가치투자란 주당순자산가치가 높은데도 시장에서 주목받지 못하는 주식을 사둔 뒤, 제값을 찾을 때까지 기다리는 투자방법이다. 1980년 1월 4일, 100포인트로 출발한 종합주가지수가 처음 1,000포인트를 넘은 것은 1989년 3월 31일이었다. 그 후 두 차례 더 1,000포인트 돌파를 시도했으나, 결국 22년이 지난 2003년 5월에도 700포인트 선 밑에서 움직이고 있다.

처음 1,000포인트를 넘어선 1989년 3월을 기준으로 보면 13년이 지난 현재 오히려 주가는 30% 정도 더 낮아져 있으니 투자가들이 주식에 매력을 느끼기가 어렵다.

그러나 가치투자는 다르다. 1988년 말(종합주가지수 907)에 투자를 했을 경우 2001년 말(종합주가지수 693)에는 그 투자금액을 10배 이상 불린 주식이 있다. 롯데칠성(28배), 남양유업(23배), 삼성화재(23배), 삼성전자(20배), 롯데제과(17배), 태평양(12배) 등 6개사의 주식이 그것이다.

경기전망이 불투명하더라도 주가가 기업의 이익에 비해서 너무 낮을 때, 정부가 경기를 살리기 위해 금리를 낮추었으나 기업이 아직 투자를 하지 않을 때, 투자자가 서로 주식을 팔려

회사의 실제 상황은 나빠지지 않았는데 일시적인 요인으로 순이익이 줄고, 이를 틈타 매물이 나오는 주식을 사들이면 큰 수익을 올릴 수 있다.

고 할 때가 '가치투자'의 적기라고 할 수 있다.

회사의 실제 상황은 나빠지지 않았는데 일시적인 요인으로 순이익이 줄고, 이를 틈타 매물이 나오는 주식을 사들이면 큰 수익을 올릴 수 있다. 특히 주력 경쟁회사가 어려움에 빠졌을 때가 매수 타이밍이다. 그렇지만 주가가 벌어진 이익과의 거리를 메울 때까지 많은 시간을 기다릴 수 있다는 각오가 있어야 좋은 결실을 얻을 수 있다.

04 | 괴질—인과관계를 잘 꿰맞추어 보면 큰 그림이 그려진다

2003년 지구촌에 반갑지 않은 손님이 찾아왔다. 바로 '사스'라고 불리는 괴질이다. 이라크 전쟁으로 휘청거리는 세계 경제는 괴질 공포까지 겹치면서 더욱 암담한 상황을 맞았다.

'화불단행(禍不單行 : 재앙은 항상 겹쳐 온다는 뜻)' 이라는 말이 있다. 14세기 유럽 전역을 공포로 몰아넣은 페스트, 1930년대의 결핵, 1980년대의 에이즈가 모두 경기 침체기에 창궐했다는 분석도 있다. 그러나 이와는 약간 다른 해석도 있다. 괴질 때문에 물류가 막히고 인간의 창의력이 떨어져 경기가 악화됐다는 주장이 그것이다. 반

면에 경기가 나빠지니까 위생이 뒷걸음질치고, 이 와중에 '괴질'이 나타났다는 반론도 만만치 않다.

사스의 불똥이 어디로 튈지에 대해서도 의견이 분분하다. 실제로 중국과 홍콩의 2003년 경제성장률이 떨어질 것이란 전망이 잇따르고 있다.

사스 때문에 외국 엔지니어들이 생산 라인을 재정비하기 위해 중국에 들어가지 못할 경우 수출이 감소할 것으로 우려되는데다, 중국을 '공장'으로 이용하는 아시아 각국도 타격을 입을 것으로 전망되기 때문이다.

반면 사스가 미국과 유럽에서는 '보약'이 될 수 있다는 분석도 나온다. 이들 지역의 디플레이션 우려를 완화시킬 것으로 예상되기 때문이다. 사스 확산으로 전세계에서 중요한 제품 공급원 역할을 하는 중국 등 아시아 국가들의 제조업이 차질을 빚으면서 물가 상승을 부채질할 것으로 예상돼, 디플레이션을 우려하고 있는 미국과 유럽에는 오히려 반가운 소식이 된다는 것이다.

디플레이션은 가격이 떨어지는 상황에서 추가 하락에 대한 기대심리로 소비자들이 지출을 중단하고, 이 때문에 기업활동이 둔화되면서 소비 촉진을 위해 가격을 내리면 다시 실적이 나빠지는 악순환을 일으킨다.

원인과 결과가 뒤죽박죽이지만 그것을 잘 규명해야 한다. 인과관계를 조각그림 맞추듯이 잘 꿰맞추어 보면 큰 그림이 그려지기 때문이다.

05 봄 기운─시장에서 '가격'은 현실보다 한발 앞서 움직인다

봄바람은 사람들에게 묻어 있던 겨우내 묵은 때를 훌훌 털어준다. 이렇게 겨울은 슬그머니 봄에게 그 자리를 내준다. 지구 전체의 이목이 중동지역에 쏠려 있었던 지난 2003년 4월, 미국의 강도 높은 공격으로 이라크 수도인 바그다드의 함락이 임박해지면서, 주식시장과 외환시장 등은 긴박감을 더해가고 있었다. 현물시장도 마찬가지였다.

때론 눈에 보이지 않는 미래를 향해 모험을 떠나보지만, 생각의 뿌리는 눈앞의 현실에 박혀 있다. 현실보다 더 구체적인 것은 없기 때문이다.

시장에서 '가격'은 현실보다 한발 앞서 움직인다. 오히려 이라크 전쟁이 발발한 이후 유가가 20% 이상 폭락하는 등 원자재 가격이 빠르게 하락세를 보였다. 전황(戰況)에 상관없이 가격변수가 먼저 바뀐 셈이다.

가격을 바꾸는 건 물론 시장참가자들의 생각이다. 그 생각은 현실을 통해 좀더 확실하게 구체화된다. 2002년을 돌이켜보자. 주가지수 1,000포인트 시대를 외치며 승승장구했으나 2003년에 이르러서는 그 목소리가 쑥 들어갔다. 2002년 여름까지만 해도 '사상 최대'란 수식어로 경영실적을 자랑하던 은행이 2003년 들어 앞다퉈 수수료를 인하하면서 손님몰이에 나서는 풍경이 환경변화의 이상징후를 느끼게 했다. 신용카드·백화점·홈쇼핑 등 내수 소비주의 목이 졸리는 것도 살풍경의 한 단면이다. 눈앞의 현실이 시장참가자의 생각을 바꾸게 한 셈이다.

때론 눈에 보이지 않는 미래를 향해 모험을 떠나보지만 생각의 뿌리는 눈앞의 현실에 박혀 있다. 현실보다 더 구체적인 것은 없기 때문이다. 주식투자가 어려운 건 바로 이 같은 점 때문이다. 주식투자자에게는 현실과 미래를 연결해주는 타임머신이 무엇보다 필요하다.

06 파병의 경제학 - 시장의 뜻을 저버리고 얻을 수 있는 것은 없다

개나리, 진달래가 봄소식을 알리는 2003년 3월 말 한 · 미 간 '동반자 관계'를 강조하던 노무현 대통령 앞에 커다란 숙제가 떨어졌다. 이라크 파병안을 어떻게 처리할 것이냐가 그에게 주어진 당면과제였다.

당시에는 전세계적으로 반전시위가 격화되고 있었다. 국내에서도 노 대통령의 지지기반인 젊은 층이 연일 시청 앞에서 반전시위를 벌였다. 국회가 몇 차례 열렸지만 노 대통령의 의중을 정확히 알기 전까지는 파병안을 처리하지 않겠다는 게 국회측의 배수진이었다. 그러나 초침은 어김없이 흐르고 있었다. 막바지로 치닫고 있는 이라크 전쟁에 '참여'하지 않으면 한 · 미 동맹관계에 금이 갈 것이 분명해보였다.

시장(주주)의 뜻을 저버리고 얻을 수 있는 것은 그리 많지 않다.

결국 우여곡절 끝에 이라크 파병동의안이 국회를 통과했다. 노 대통령의 국회연설이 있고 나서였다. 노 대통령은 국정연설을 통해 "나라와 국민의 운명이 이라크 전쟁의 파병에 달려 있다"라고 강조했다. 그는 한·미 간 불협화음이 외국인의 투자심리에 악영향을 미쳤다는 점도 밝혔다. 국제관계를 지배하는 논리가 '정글 법칙'에 다름 아니라는 점을 인정한 셈이다. 힘센 자가 약자를 지배하는 약육강식의 논리를 표현한 것이다.

파병 논란이 불거질 무렵 외국인 투자자들은 우리나라의 대표주식을 무더기로 팔아치웠다. 한·미 관계가 꼬이면서 '팔자'의 빌미를 준 것. 이에 따라 우리나라 주식시장은 이른바 '천수답'의 모습을 고스란히 드러냈다. 행동이 없는 동반자 관계는 실로 허탈한 말장난일 뿐이다. 시장(주주)의 뜻을 저버리고 얻을 수 있는 것은 그리 많지 않다.

07 실물과 금융−금융시장은 실물경제를 비추는 거울

금융시장은 실물경제를 비추는 거울이다. 실물과 거울은 갑(甲)과 을(乙)의 관계라고 할 수 있는데, 재미있는 점은 '을'인 거울이 '갑'인 실물을 데울 수 있다는 것이다. 2001년 한 해 동안 돈(화폐)이 경제를 살리는 불쏘시개로 활용됐다. 미국의 연방준비제도이사회(FRB)는 총 12차례나 연방기금 금리를 인하했다. 우리나라도 덩달아 세 차례나 콜금리를 인하했다. 몸을 풀어 꽁꽁 얼어붙어 있던 경제의 모세혈관을 녹이고자 하는 취지에서였다. 돈을 풀면 소비와 투자가 늘 것이란

금리인하 전망이 불거질 때는 경기의 시계(視界)가 다시금 안개에 빠져드는 시점인 경우가 많다.

판단이 따랐던 것이다.

그 첫번째 타깃은 건설과 서비스 등 내수 부문. 내수 쪽에서 온기를 찾은 경제는 수출로 발길을 옮길 것으로 기대되었다. 이른바 '저금리 정책'의 골자다. 금리인하는 흔들리는 경제를 바로잡겠다는 선장(경제정책 수립자)의 의지를 표현한다는 점에서는 긍정적으로 볼 수 있다. 반면에 경제가 정말 나쁘다는 사실을 대외에 알리는 신호로 해석하는 시각도 있다. 따라서 단기간에 과실을 평가하기 어렵다.

사실상 '제로 금리' 상태인 2003년 들어서도 세계 각국이 금리인하를 놓고 고민에 고민을 거듭하고 있다. 세계 경제의 상당부분을 의존하고 있는 미국이 '더블 딥(경기 이중침체)'논란에 휩싸여 있는데다 중국이 '사스' 때문에 성장세가 둔화될 것으로 예상되면서부터다.

금리인하 전망이 불거질 때는 경기의 시계(視界)가 다시금 안개에 빠져드는 시점인 경우가 많다. 채권시장이 북적거리고, 금값이 오름세를 타는 것도 안전자산 선호 현상이라고 볼 수 있다. 실물 쪽에서 좋은 뉴스가 나와야 금융시장이 다시 기지개를 켤 것이다. 거울이 비추는 햇볕에는 한계가 있다.

08 선착순 – 정기 주주총회를 눈여겨보라

해마다 3월 마지막 주 토요일에는 상장(등록)사의 정기 주주총회가 한꺼번에 열린다. 2003년 3월 28일에는 178개 상장·코스닥기업이 정기 주주총회를 개최했다. 막차를 탄 셈이다. 12월 결산법인은 이듬해 3월 말까지 정기 주주총회를 열어야 한다.

자세히 살펴보면 우량기업들은 서둘러 주주총회를 마치고 배당금을 나눠주고 있다. 반면 막차를 타는 기업에는 그럴 만한 '곡절'이 있다. 지난해 실적이 좋지 않았든가, 장부에 이상이 있어 회계법인과 줄다리를 했던 경험도 있을 것이다. 켕기는 일이 많아 여러 회사의 주주총회가 몰려 있는 날을 '길일(吉日)'로 잡았을 수도 있다.

주주총회가 열리는 날이 기업을 평가하는 잣대가 되고 있다. 우량기업이 먼저 주주총회를 개최한다. 회사별로 기업실적을 발표하는 시기도 다르다. 여기에서도 우열이 가려진다.

우량기업은 특정한 날에 실적을 발표한다고 미리 예고한다. CEO가 직접 투자자 앞에 나타나 결과와 이유, 향후 실적 전망에 대해서 진솔하게 설명한다. 설령 실적이 나빠졌더라도 발표의 연속성이 있는 기업에게는 주주들의 꾸지람이 심하지 않다. 예기치 않았던 부진 요인이 아니라면 시장에서는 경기상황을 봐서 실적을 평가한다. 실적이 예상치보다 좋았다면 작년 동기실적에 훨씬 미치지 못해도 '박수'를 보낸다. CEO가 모습을 드러내지 않더라도 '공정공시'라는 창구가 열려 있다.

그렇지만 자신의 속내를 보여주지 않으려는 기업은 어디에서나 설자리가 없다. 상장사 입장에선 관객인 투자자를 위해 일종의 선착순 게임을 벌이고 있는 셈이다. 뒤늦게 들어온 회사는 다시 한 바퀴를 돌아야 선두를 만날 수 있다.

09 시어머니 물가-디플레이션을 막아라

옛부터 나랏님이 제일 걱정하는 게 '물가'였다. 백성들이 나라 살림살이의 면면을 피부로 실감할 수 있기 때문이었다. 물가를 잘 다스린 것으로 평가받고 있는 전두환 대통령 시절에도, 물가가 조금이라도 오를 기미가 보이면 대책회의를 열곤했다. 지금도 부동산 가격이 폭등하면 과천의 경제부처 공무원들은 호떡집에 불이 난 것처럼 야단법석을 피운다.

물가는 오르는 것도 문제지만 지나치게 내리는 게 더 큰 문제다. 이른바 디플레이션이다. 디플레이션은 가격이 떨어지는 상황에서 추가 하락에 대한 기대심리로 소비자들이 지출을 중단하고, 이 때문에 기업활동이 둔화되면서 소비 촉진을 위해 가격을 내리면 다시 실적이 나빠지는 악순환을 일으키는 것을 말한다.

전문가들은 "디플레이션은 한번 빠지면 헤어나기 힘든 '모래사막' 같다"라고 표현한다. 2003년 들어 미국과 유럽에서는 디플레이션에 대한 우려감이 커지고 있다. 미국의 경우 1920년 말~1930년대 초의 '대공황' 때 마지막으로 경험한 이후 한 번도 겪지 않았다. 인플레이션 억제에 총력을 기울여온 FRB가 이제는 물가가 떨어지는 디플레이션을 걱정하고 있다. FRB는 제2차 세계대전 이후 줄곧 인플레이션 억제에 신경을 써왔을 뿐, 디플레이션은 관심 밖이었다.

　가장 보수적으로 정책을 운용하는 통화정책 담당자들이 하루아침에 자신의 종전 입장을 뒤집는 것도 물가 때문이다. 따라서 "경제정책에 있어 물가보다 더한 시어머니가 없다"라는 말이 과천 경제부처에 전해질 정도다.

　학자들은 물가가 오르는 다양한 요인 중 심리가 가장 큰 영향을 주는 것으로 보고 있다. 따라서 경제정책의 조타수인 경제관료의 적절한 대처만이 잘못된 방향을 바로잡을 수 있다.

10 메뚜기-고유가의 볼모가 된 주가

'메뚜기'가 우리나라 경제를 쥐락펴락하고 있다. 우리나라가 가장 많이 수입하는 원유는 중동 두바이산이다. 아랍에미리트(UAE) 7개국 중 하나인 두바이는 아랍어로 '메뚜기'라는 뜻이라고 한다.

　국내 유가에 가장 큰 영향을 미치는 두바이유가 종종 급등세를 보이며 우리 경제의 목을 누른다. 예컨대 지난 2003년 2월 두바이유 한 달 평균가격이 배럴당 30달러를 돌파하면서 우리 경제를 위협했다. 당시 미국과 이라크 간 전쟁이 소문만 무성한 채 미궁 속을 헤매고 있었고유가는 주식시장에도 치명타를 날리곤 한다. 따라서 유가가 고공행진을 벌일 때 주가는 연료가 바닥난 자동차처럼 정처없이 움직인다.

으나 유가동향만 살펴보면 전선(戰線)에 바짝 다가선 것으로 시장참가자들은 받아들였다.

우리나라 경제는 유가가 짐이 되면 앞으로 나갈 수 없는 구조를 갖고 있다. 유가가 급등세를 이어가자 정부는 부랴부랴 에너지 절약 대책을 내놓았다. 골프장·영화관·사우나 등 불요불급한 부문의 전력사용을 제한하겠다는 게 주요 골자다.

유가 급등세를 불러온 '이라크 전쟁'은 한 마디로 석유 에너지의 지배권을 놓고 벌이는 쟁탈전이었다. 북한도 자신들의 핵문제의 본질이 '에너지 난(難)'에 있다고 주장하고 있다. 어찌 보면 한반도 전체가 석유의 볼모가 되어 있는 모습이다.

고유가는 주식시장에도 치명타를 날리곤 한다. 따라서 유가가 고공행진을 벌일 때는 통상 주가는 연료가 바닥난 자동차처럼 정처없이 움직인다. 기아가 중립에 놓인 상태로, 누군가 뒤에서 밀기라도 하면 그저 힘없이 밀릴 뿐이다.

"메뚜기도 한 철"이란 말이 있지만, 우리나라 주식시장이 이른바 '냄비증시'의 오명을 얻은 것도 석유가 그 빌미를 제공하고 있다고 볼 수 있다. 석유 한 방울 생산되지 않는 나라의 처절한 현실이다.

11 술래잡기 – 부실회사를 골라내라

조선시대에 도둑이나 화재 등을 막기 위해 밤에 왕궁과 도성 주변을 순시하던 군인을 순라(巡邏) 또는 순라군이라고 했다. 순라는 술래잡기 놀이에 나오는 '술래'의 어원이다.

경기 침체기의 약세장에서는 종종 시장참가자가 술래가 돼서 꼭꼭 숨은 부실회사를 찾아나서는 것을 자주 볼 수 있다. 호황기에 보이지 않았던 부실이 불황기에 고스란히 나타나기 때문이다. 물이 가득 찼을 때 보이지 않았던 강 밑바닥의 지저분한 오물이 물이 빠지면서 고스란히 드러나는 이치와 같다.

2003년 봄에 터진 SK글로벌 분식회계 사건이 대표적인 경우다. 당시 술래가 맨 처음 찾아낸 건 분식회계를 한 SK글로벌과 관련회사다. 그 다음은 은행과 증권을 끄집어내더니, 결국 부실 카드사를 찾아낸 뒤 난리법석을 떨었다. 술래에게 잡힌 회사들은 서로 "나보다 저쪽이 더 나쁜데…"라며 화살을 피하려고 안달이었지만, 후유증은 두고두고 남을 수밖에 없었다.

이곳저곳에서 술래잡기 놀이가 한창인 상황에서는 주식시장이 기운을 차릴 수 없다. 그 놀이가 점점 재미없어질 무렵 업종의 대표주들이 고개를 드는 경우가 많다. 엉터리 회사에 진절머리를 친 투자자들이 1등 프리미엄을 노리는 대표주를 다시 보기 시작하기 때문이다.

경기 침체기의 약세장에서는 종종 시장참가자가 술래가 돼서 꼭꼭 숨은 부실회사를 찾아나서는 것을 자주 볼 수 있다. 그 놀이가 점점 재미없어질 무렵 업종의 대표주들이 고개를 드는 경우가 많다.

12 성장과 분배―과거의 잣대로만 미래를 재단해서는 안 된다

'한국의 월 스트리트'로 불리는 여의도의 밤 문화가 달라지고 고성장 기업이 배당과 주식 소각 등에 관심을 갖는 것은 성장국면이 일단락된 것으로 볼 수 있다. 앞으로는 기업의 성장성보다는 배당성향 등에 관심이 커질 수밖에 없다.

있다. 단란주점과 룸살롱이 사라지고 그 자리에 카페가 들어서고 있는 것. 밤새도록 흥청망청 술을 마시는 문화가 젊은 층을 중심으로 점차 사라지고 있기 때문이다. 주5일 근무제를 실시하는 기업이 늘어나는 바람에 금요일에 술을 마시는 증권맨이 줄어들고 있는 것도 한 원인이다.

업주 입장에서는 주5일 근무제가 매출의 20%를 깎아내고 있는 셈이다. "우리 경제 현실에 비추어볼 때 주5일 근무제 도입은 너무 성급하지 않느냐?"라는 논란이 끊이지 않고 있지만, 실생활 측면에서는 손익계산서를 새롭게 쓰게 만들고 있다.

기업들의 배당 관련 뉴스를 꼼꼼히 챙겨보면 실물시장의 대세가 바뀌고 있음을 읽을 수 있다. 2003년 초 IT 분야의 대명사인 미국의 마이크로소프트(MS)가 사상 처음으로 주주들에게 배당금을 지급했다.

'주주 중시의 나라'에서 세계 최고의 기업이 그 때까지 배당을 하지 않았다는 사실은 단연 각국 투자자의 이목을 끌었다. 비슷한 시기에 우리나라 증시의 '대장주' 삼성전자는 1조 원 규모의 주식 소각을 결의했다.

고성장 기업이 배당과 주식 소각 등에 관심을 갖는 것은 성장국면이 일단락된 것으로 볼 수 있다. 성장을 위한 재투자보다는 분배 쪽으로 방향이 이동하고 있는 증거로 여길 수 있다. 따라서 앞으로는 기업의 성장성보다는 배당성향 등에 관심이 좀더 커질 수밖에 없다. 과거의 잣대로만 미래를 재단해서는 안 된다.

13 지정학적 리스크─시장 리스크의 또 다른 표현?

잊을 만하면 튀어나오는 말이 '지정학적 리스크'다. 이는 중동이나 한반도 등 특정 지역에서 만들어내는 암운(暗雲)이 경제에 폭풍우를 몰고 올 수 있다는 뜻으로 쓰였다. 이 표현은 처음엔 한국에 투자하는 외국인의 입에 자주 오르내리다가, 현재는 국내 언론들이 더 자주 사용하고 있다.

16대 대통령 선거 전후처럼 한반도의 '지정학적 리스크'가 크게 부각된 적도 없다. 이 같은 부담이 2003년 내내 이어지고 있다. 일각에서는 미국 월가의 '으름장' 정도로 치부한 게 사실이다.

그러나 2002년 11월 말 무디스(Moody's)가 실제로 우리나라의 국가신용등급 전망을 '긍정적'에서 '부정적'으로 내린다고 밝히자, 금융시장은 화들짝 놀라고 말았다. 주식시장은 큰 폭의 일교차를 보였고 원·달러 환율도 하루 사이에 20원 가까이 뛰어올랐다. 마치 살얼음판이 깨지는 모습을 연상하게 했다.

9.11 테러 이후 조지 W. 부시(George W. Bush) 미국 대통령은 북한을 '악의 축(axis of evil)'에 포함시켰고, 2003년 3월 그 중 한 나라인 이라크를 침공했다. 그 와중에 한반도에 '지정학적 리스크'가 불거지면, 그건 곧바로 북한 핵에 대한 위기로 이어지고, '전쟁 위기'의 또 다른 부담이 되곤 했다. 무서운 일이 아닐 수 없다.

시장참가자들은 '지정학적 리스크'라는 말이 나올 때마다 그 발언의 출처와 현실을 견주어 보는 버릇이 생겼을 정도다. 그러나 곰곰이 생각해보면 '지정학적 리스크'는 '시장 리스크'의 또 다른 말로 쓰일 뿐이다.

14 코끼리 전쟁 – 거대하지만 유연한 조직, '춤추는 코끼리'가 살아남는다

유럽연합(EU) 회원들은 서슴치 않고 미국을 '병든 코끼리'라고 표현한다. 유로화가 달러화에 대해 강세를 보이는 것만 봐도 잘 알 수 있다고 큰소리를 친다. 무소불위(無所不爲)를 자랑하던 '킹(King) 달러'를 제압한 것을 대견해하는 모양새다. 경제전문가들도 달러 약세가 미국 경제의 체질 약화에서 비롯됐다며 유럽인들의 손을 들어주고 있다. 한 마디로 미국은 덩치만 클 뿐, 전혀 힘을 쓰지 못한다는 뜻이다.

폴 오닐(Paul O'Neill) 전 미국 재무장관은 "일본은 더 이상 세계 경제의 엔진이 아니며 기관차에 끌려가는 화물칸"이라고 말했다. 일본도 '노쇠한 코끼리'가 되었다는 뜻이다.

바야흐로 세계는 지금 '코끼리 전쟁' 중이다. 서로 나약하다며 다투고 있는 양상이다. 21세기 세계 경제의 맹주가 되기 위한 주도권 싸움의 성격도 띠고 있다. 환율의 움직임에 따라 국제공조의 틀이 느슨해진 것도 이 때문일 것이다. 미국의 유명한 경영자 잭 웰치는 거대기업인 GE를 각고의 노력 끝에

우리나라 주식시장에도 삼성전자·현대자동차·포스코 등 거대하면서도 유연한 '춤추는 코끼리'들이 있다.

70

'춤추는 코끼리'로 만들었다. 거대하지만 유연한 조직, 그것
이 글로벌 경쟁에서 이기는 길이다.

우리나라 주식시장에도 삼성전자·현대자동차·포스코 등
거대하면서도 유연한 '춤추는 코끼리'들이 있다. 이들을 따라
갈 깜찍한 아기 코끼리를 고르는 재미도 쏠쏠할 터인데.

15 '빅맥' 지수─주식 투자자의 필수과목, 환율!

원화 강세는 원화가치가 미 달러화 등 외화가치보다 올라간다
는 뜻이다. 교과서에는 이와 같은 경우 수출 업계는 불리해지
고 수입 업계는 유리해진다고 씌어 있다. 원화가치는 왜 올라
갈까? 영국의 〈이코노미스트(Economist)〉지는 이른바 '빅맥' 지
수라는 것을 정기적으로 발표한다. 각국 통화의 실질 구매력
과 물가 수준을 평가하기 위한 것이다.

환율은 항상 상대적
이며 빛과 그늘을 동
반한다. 추세가 완만
한지, 급격한지는 꼭
챙겨보아야 할 체크
포인트다.

"맥도날드 '빅맥' 햄버거의 한국 판매가격은 3,100원이다.
이를 달러화로 환산하면 2.36달러가 된다. 같은 날 미국의 빅
맥 가격은 2.49달러로 한국의 빅맥 판매가가 미국보다 5%가
량 싸다. 실질구매력을 따질 때 그만큼 저평가돼 있는 셈이다.
엔화와 유로화도 달러화에 대해 각각 19%, 5%씩 저평가되어
있다(2003년 2월)."

환율은 일종의 자장(磁場)이다. 빨아들이지 않으면 빨려들어
가는 세계 경제의 역학구조에서 환율은 항상 접점에 있다. 국

주식투자자는 불확실
성을 가장 싫어한다.
예상을 뛰어넘는 환율
변화는 시장에 부담을
준다.

가 간의 힘 겨루기를 온 몸으로 표현해주기 때문이다. 그것이 수급 때문일 수도, 펀더멘털 탓일 수도 있다. 지난 1997년 IMF 금융위기 때는 환율 급등세가 경제위기의 구조신호였다.

주식투자자는 불확실성을 가장 싫어한다. 예상을 뛰어넘는 환율 변화는 시장에 부담을 준다. 환율은 항상 상대적이며 빛과 그늘을 동반한다. 추세가 완만한지, 급격한지는 꼭 챙겨보아야 할 체크포인트다. 속도와 폭이 커지면 근심이 쌓여갈 수밖에 없다.

16 | 디커플링 – '수출'이 열쇠다

기관차와 객차를 잇는 이음새를 영어로 커플링(Coupling)이라고 한다. 미국 경제가 10년 호황을 누리던 시절, 세계 경제는 기관차인 미국이 끌어주면 다른 나라들은 객차처럼 끌려가는 구조를 형성하고 있었다. 하지만 점점 그 연결고리가 끊어지고 있다는 게 '디커플링(Decoupling : 차별화)' 이론이다.

이는 또한 2002년 우리나라 주식시장이 900포인트 선을 넘어 1,000포인트 선에 도전할 때 자주 듣던 이야기다. 전문가라는 사람들은 입만 열면 우리나라 주식시장에 신기원이 열리는 것처럼 디커플링을 외쳤다. 디커플링 이론은 미국의 유명 애널리스트인 스티븐 로치(Stephan Roach)가 처음 소개한 것으로, 오늘날까지 이를 지지하는 사람들이 많다. 그는 미국이 더 이상

기관차 역할을 하지 못하고 있다는 점에서 힌트를 얻었다.

미국 경제는 재고 과잉, 과도한 가계부채, 저축률 감소, 경상수지 적자 확대 등으로 몸살을 앓고 있다. 로치는 미국 경제가 '더블 딥'으로 갈 가능성이 높기 때문에, 세계 경제는 바야흐로 각자의 길로 갈 수밖에 없다고 역설한다. 각자의 길로 갈 때 디커플링의 개연성이 높은 게 한국이라는 것.

실제로 2002년 우리나라 경제는 내수가 경기를 불황국면에서 호황국면으로 옮겨가도록 하는 연결고리 역할을 했다. 그러나 로치가 간과한 게 있다. 우리나라 경제의 기관차인 수출이 회복되지 않으면, 각 부문의 디커플링 현상은 가속 페달을 밟을 수 없다는 점이다. 미국 경제가 시름시름 앓고 있는 탓에 그 꽁무니를 따라가는 우리나라 경제에도 디커플링이 찾아오지 않고 있는 것이다.

17 부시 베어마켓과 룰라 효과—대통령이 주가를 움직인다

퀀텀펀드(Quantum Fund)의 창업자인 조지 소로스(George Soros)는 입담이 거칠기로 유명하다. 그는 2002년 말 부시 대통령이 글로벌 경제를 다루면서 신뢰를 심어주지 못하고 있다고 비판한 적이 있다. 또 미국 주식시장의 약세는 부시 정부의 미숙한 경제정책 때문이라며 '부시 베어마켓(bear market : 침체장)'이란 신조어를 만들어내기도 했다. 그는 부시 대통령이 입을 열수록 주식시장에는 악재가 많아진다고 비난했다.

재미있는 건 부시 대통령이 기업 편에 서 있는 공화당 출신이란 점이다. 한편 노동운동가 출신의 룰라 브라질 대통령은 '룰라 효과' 라는 신조어를 만들어내며 브라질 경제 재건의 선봉에 나서고 있다.

룰라 대통령은 브라질에서 가장 규모가 큰 금속노조 위원장 출신으로 초등학교 졸업이 최종학력이다. 금속공장에서 일할 때는 사고로 왼손 새끼손가락을 잃었다. 게다가 그는 당선 이전에 브라질 경제가 외채위기에 몰렸을 때 "더 이상 외국 빚을 갚을 수 없다"라며 디폴트(default)를 주장했다. 그런 그가 브라질 경제를 살려내고 있다는 평가를 받고 있다. 이 때문에 룰라에 대한 국내외 반응은 '충격과 공포' 에서 '안도와 환영' 으로 변하고 있다.

그 이유는 무엇일까? 2003년 1월 취임한 룰라 대통령은 예상과 달리 4개월 동안 정책의 연속성을 유지하면서 재정지출을 최대한 줄이고 금리인상, 중앙은행 독립성 강화 등 실용주의에 바탕한 개혁 정책을 폈다. 그 결과가 바로 브라질 경제의 회복이다.

룰라 대통령이 이끄는 개혁 프로그램이 '순항' 하고 있는 것과 대조적으로 노무현 대통령의 개혁 작업은 암초에 부딪히고 있다. 욕을 먹어야 성공한다는 점을 노 대통령도 서둘러 깨달아야 할 텐데 걱정이 많다. 개혁의 기본은 '원칙' 이다. 이는 주식투자자의 기본과 크게 다르지 않다.

18 │ PC와 주가─반도체 시황이 곧 주식 시황

멀리 보면 세계 증시는 2000년 초부터 뒷걸음질을 치기 시작했다. 이 때부터 유럽발(發) IT 쇼크에 이은 남미발 금융 쇼크, 중국발 사스 파문 등이 잠시도 쉴 틈 없이 세계 주식시장을 뒤흔들었다. 그러나 자세히 따져보면 사태의 배후에는 IT의 대명사인 '컴퓨터'가 자리잡고 있다. 컴퓨터의 수요 감소가 반도체에 일격을 가하고, 뒤이어 연관산업에 주름살을 드리우고 있는 구조다.

우리나라 주식시장에서는 오후 12시 전후에 거래량이 크게 늘거나 줄어든다는 통계가 있다. 이 때 아시아 현물시장에서 거래되는 반도체 가격이 투자자들에게 공개되면서 반도체주가 크게 출렁이기 때문이다. 거래소시장 시가총액의 20%를 차지하는 삼성전자의 '캐시 카우(수익원)'가 반도체인데다 연관산업이 널려 있기 때문이다. 반도체 시황이 바로 주식 시황인 셈이다.

지금은 컴퓨터가 일으킨 IT 버블이 가라앉고 있는 국면이라는 견해도 있다. PC 가격을 떨어뜨려도 소비자가 선뜻 사주지 않는 현실을 보면 공감이 간다. 단적으로 말하면 진정 컴퓨터가 주가를 주무르고 있다고 할 수 있다. 현대문명의 신기루로 불리는 PC가 주가에 그림자를 드리우고 있으니, 주가 회복에 관한 열쇠도 PC가 쥐고 있다고 할 것이다.

우리나라 주식시장에서는 오후 12시 전후에 거래량이 크게 늘거나 줄어든다는 통계가 있다. 이 때 아시아 현물시장에서 거래되는 반도체 가격이 투자자들에게 공개되면서 반도체주가 크게 출렁이기 때문이다.

서머 랠리―증시는 온 몸을 통째로 드러내는
상장사가 늘어날 때 뜨거워진다

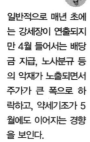

일반적으로 매년 초에
는 강세장이 연출되지
만 4월 들어서는 배당
금 지급, 노사분규 등
의 악재가 노출되면서
주가가 큰 폭으로 하
락하고, 약세기조가 5
월에도 이어지는 경향
을 보인다.

하지(夏至)는 1년 중 낮 길이가 가장 긴 날이다. 2003년에는 6월 22일이 하지였다. 이 때부터 북반구의 지표면은 태양으로부터 가장 많은 열을 받는다. 그리고 이 열이 쌓여서 하지 이후에는 몹시 더워진다. 장마가 오는 것도 이 무렵이다.

이맘때가 되면 주식시장에는 어김없이 서머 랠리(summer rally)에 대한 기대감이 피어오른다. 휴가를 떠나는 펀드매니저들이 미리 주식을 듬뿍 사들일 것이란 기대감 때문이다. 또 하나는 계절적 요인. 일반적으로 매년 초에는 강세장이 연출되지만 4월 들어서는 배당금 지급, 노사분규 등의 악재가 노출되면서 주가가 큰 폭으로 하락하고, 약세기조가 5월에도 이어지는 경향을 보인다.

이 같은 하락세가 2개월 이상 지속되면서 진정국면에 진입하기 시작, 6월부터 반등장세가 나타난다는 것이다. 실제로 지난 20년 동안 7월에 주가가 오른 해는 14년이나 됐고 연평균 3.59%의 상승률을 기록했다. 특히 IMF 금융위기 직후인 1998년과 1999년에는 각각 15%와 9.8%의 상승세를 기록했다.

그러나 실제로는 반드시 그렇지만도 않다. 외국의 서머 랠리에서는 펀드매니저들이 휴가를 떠나기 전에 주식을 잔뜩 사들이는 덕분에 주가가 강세를 보인다. 반면 우리나라의 경우 여름철에 펀드 운용을 제쳐놓고 휴가를 떠나는 펀드매니저는 드물다. 또한 매년 서머 랠리가 규칙적으로 나타날 정도로 시장이 안정적이지도 못한 형편이다.

중요한 것은 시장이 절기에 맞춰 뜨거워지지 않는다는 점이다. 주식시장은 오히려 온 몸을 통째로 드러내는 상장사가 늘어날 때 뜨거워진다. 옷매무새에 열중하는 기업보다는 속살을 드러내는 쪽에 점수를 주는 것도 이 때문이다.

20 아폴론과 달러화—달러화(태양)가 투자의 눈금이 되면

그리스 신화에 나오는 '태양의 신' 아폴론. 그는 '신탁(神託)'을 주관하면서 '오만한' 인간을 태양을 통해 징벌한다. 주야장천 햇볕을 내리쬐게 만들어 대지가 말라붙게 만든다. 이보다 더한 징벌이 있겠는가?

미국이 원하든 원하지 않든, 달러화가 약세를 벗어나지 못하고 있다. 2001년 8월에 달러화가 약세를 보이자 미국과 남미, 유럽 증시가 폭락세를 보이는 등 국제 금융시장은 대혼란을 겪었다. 마치 아폴론의 '태양 징벌'을 떠올리게 했다.

사실 달러화는 전세계 경제를 비추는 태양 역할을 해왔다. 태양이 일정한 기울기를 지켜주지 않으면 순환을 바라보고 사는 인간사는 예기치 않은 고통의 늪에 빠질 수밖에 없다. 그 햇볕 아래 곡식을 키우는 수많은 사람들이 혼란을 겪게 된다.

우리나라 증시가 미국 증시에 대해 '해바라기' 같은 모습을

달러 약세로 환율이 하락(원화절상)하면 국내 주식시장의 '큰 손'인 외국인 자금의 향방에도 안테나를 세워야 한다.

보이는 것은 어쩌면 당연하다. 달러화가 불안하면 외국인 투자자도 마찬가지로 불안해한다.

'흔들리는 배'에 올라타는 바보가 많지 않기 때문이다. 달러 약세로 환율이 하락(원화절상)하면 국내 증시의 '큰손'인 외국인 자금의 향방에도 안테나를 세워야 한다.

달러를 갖고 들어와 원화로 바꿔 국내 주식을 사야 하는 외국인에게 환율하락은 그리 반가운 소식이 아니다. 수출 업체에도 당장 발등에 불이 떨어진다. 달러화(태양)가 투자의 눈금이 되면 주식시장이 큰 변화를 맞는 경우가 많다.

21 마녀와 천사 − '트리플 위칭데이'를 조심하라

선물이나 옵션과 연계된 프로그램 매매를 흔히 '마녀(witch)'라고 부른다. 투자자들이 고개를 절래절래 흔들게끔 시장을 뒤흔들기 때문이다. 옵션 만기일이 한 달에 한 번, 선물과 지수옵션, 개별주식 옵션의 만기일이 겹치는 '트리플 위칭데이(Triple Witching Day)'가 석 달에 한 번씩 찾아온다.

대개 만기일 1주일 전부터 만기일 효과가 미리 반영되면서 주가의 일교차가 커진다. 특히 만기일 매수차익거래 잔고가 대거 해소될 것으로 예상되면서 주가가 크게 하락하는 경우가 생긴다. 그러나 파생상품 만기일도 일종의 프로그램 매매로 간주하면 쉽게 대처할 수 있다.

78

프로그램을 움직이는 신호는 선물시장에서의 외국인 투자자의 매매 패턴이다. 외국인 투자자가 선물에서 대규모 매수 포지션을 취하면, 프로그램 매수세가 유입되면서 대형주들이 훈풍을 즐기며 지수를 끌어올린다. 그 반대의 경우에는 시장이 죽을 쑨다.

프로그램을 움직이는 신호는 선물시장에서의 외국인 투자자의 매매 패턴이다.

프로그램 매매는 일종의 '부메랑' 게임으로 생각할 수 있다. 부메랑은 호주의 원주민이 사용하던 사냥도구다. 목표물을 향해 날아갔다가 다시 던진 사람에게로 되돌아온다. 따라서 프로그램 매수세로 주가가 올랐다고 마냥 즐거워할 일이 아니다. 반면 프로그램 매물이 당장은 고통스럽지만, 반등기에는 주가에 가속도를 붙이는 원인이 되기도 한다. 만기일에도 반드시 마녀가 찾아오는 게 아니다. 투자심리에 따라 마녀가 천사로 둔갑할 수도 있다.

22 프리미엄과 디스카운트 – 외국인 투자자의 평가를 주목하라

이상한 줄자가 있다. 어떤 때는 느슨하게 풀어져 넉넉한 인심을 자랑한다. 그렇지만 시간이 흘러 손님이 바뀌면 바짝 당겨져 팽팽해진다. 줄자는 분명 절대 길이를 갖고 있지만 미세한 밀고 당김을 알아채기란 쉽지 않다. 종종 사람들은 착시현상에 빠져들기 때문에 절대 길이가 존재하기 어렵다.

주식시장도 착시현상이 또 다른 착시현상을 낳는 곳이다.

외국인 투자자는 '천의 얼굴'을 갖고 있지만, 지금은 어차피 그 우산을 쓸 수밖에 없는 형국이다.

마치 줄자처럼 말이다. 특히 우리나라 시장에 대한 외국인 투자자의 평가는 '이상한 줄자'를 떠올리게 한다. 우리나라 시장에서 '바이(buy) 코리아'를 외칠 때는 '코리아 프리미엄'을 강조한다. 그들이 강조하는 코리아 프리미엄은 IT 산업을 중심으로 한 한국의 높은 경쟁력이다. 불황기에도 플러스 성장률을 기록하는 경제 펀더멘털도 추켜세운다.

그러나 '셀(sell) 코리아'에 나설 때는 IT 산업 의존도가 높은 나라, 지정학적 리스크가 큰 나라로 매도한다. 이 같은 평가의 '접점'에는 삼성전자가 끼여 있다. 외국인이 삼성전자 주식을 사는 날이면 삼성전자는 물론, 종합주가지수도 상승세를 지킨다. 그 반대의 경우에는 질겁을 하며 '팔자'가 이어진다. 대장주 삼성전자에 대한 평가가 줄자처럼 늘어지면 지수에 큰 부담이 된다. 우리나라 주식시장 전체에도 좋을 게 없다.

외국인 투자자는 '천의 얼굴'을 갖고 있지만, 지금은 어차피 그 우산을 쓸 수밖에 없는 형국이다. 외국인 투자자의 눈에는 주눅 든 우리나라 투자자가 또 다른 '코리아 프리미엄'의 한 요인이 아닐까?

23 신용카드 – 신용카드가 투자심리를 움켜쥐고 있다

신용카드는 소득과 소비를 연결해주는 징검다리다. 미래에 벌어들일 소득을 미리 가불해 현재 소비하는 것이 신용카드인 셈이다. 미우나 고우나 신용카드는 경제의 동맥 역할을 하는 중요한 수단으로 자리잡았다.

최근 들어 신용카드는 소비심리와 투자심리의 잣대가 되기도 한다. 2001년 고개 숙였던 경기가 2002년 되살아날 때 신용카드 사용액이 기하급수적으로 늘어났음을 기억할 것이다. 카드 회사들은 길거리에서 사은품을 안겨주면서 고객유치에 혈안이 되었다. 그 해 말부터 가계부실 우려감이 불거지더니, 급기야 2003년에 접어들어서는 카드 빚과 카드 채가 경제 성장에 걸림돌이 되기도 했다. 신용불량자가 눈덩이처럼 불어나 마침내 300만 명을 돌파했다(2003년 5월 현재). 신용카드에서 촉발된 신용불량자가 전체 경제활동인구의 13%에 달해 심각한 사회문제로 대두된 것.

매달 27일만 되면 주식시장에 돈이 줄어들어 주가가 맥을 못추고, 거래가 한산해지는 '월말 카드결제 효과'가 나타나고 있다.

게다가 카드 회사가 발행한 회사채가 시장에서 거래되지 못하면서 회사채 시장도 꽁꽁 얼어붙었다. 정부가 부실화된 카드 회사를 되살리는 데 정책의 초점을 맞추는 가운데 주식시장은 심한 두통을 앓았다.

비단 그 때뿐만은 아니다. 매달 27일만 되면 주식시장에 돈이 줄어들어 주가가 맥을 못추고, 거래가 한산해지는 '월말 카드결제 효과'가 나타나고 있다. 신용카드 결제일이 매월 27일로 집중되면서 일부 투자자들이 이 날 주식계좌에서 돈을 빼기 위해 2거래일 전 주식을 미리 처분하는 경향이 있다는 것. 신용카드가 투자심리를 움켜쥐고 있다.

24 화가–미래를 보는 지혜는 전문가에게 빌려라

어떤 유명 화가가 자신의 걸작품 한 점을 도둑맞았다. 큰 소동이 벌어졌지만 정작 당사자는 태연했다. 그토록 아끼던 작품, 큰 재산이라고 할 수 있는 그림을 도난당했는데도 말이다. 화가는 "나의 진짜 재산은 여기에 있으니까요. 도난당한 그림은 내 머리에서 발행한 한 장의 수표에 불과합니다"라고 대답했다고 한다.

참다운 재산, 진정한 지식이란 사람의 내부에 숨어 있다. 할 수 있다는 자신감과 용기, 언제라도 활용할 수 있는 지혜가 바로 그것이다. 주식투자는 정답이 없는 게임이다. 따라서 자신감과 용기, 지혜가 필요하다. 주가의 상승과 하락을 맞출 수 있는 확률은 이론적으로 50%에 불과하다. 미래에 대한 예측이 전제가 되는 주식투자는 인식과 현실의 괴리를 좁히는 것에서부터 출발한다.

미래를 보는 지혜는 전문가들에게 빌리는 게 현명하다. 증권사에는 경제를 분석하는 경제분석가(Economist), 산업과 기업을 분석하는 기업분석가(Analyst), 경제분석가와 기업분석가의 의견에 자신의 견해를 합쳐 투자 방향을 결정하는 투자전략가(Strategist) 등 세 부류의 전문가 그룹이 있다.

경기의 바닥과 고점에서는 경제분석가의 시각을 시황 판단의 잣대로 활용하고, 추세 전환이 확인된 이후 기업분석가의 리포트를 바탕으로 투자 종목을 정하며, 투자 시점에는 투자전략가의 의견을 참조하는 게 바람직할 듯하다.

경기의 바닥과 고점에서는 경제분석가의 시각을 시황 판단의 잣대로 활용하고, 추세 전환이 확인된 후 투자 종목을 정하는 것이 바람직하다.

25 퓨전 음식-퓨전 경제의 눈으로 종목을 보라

의외로 세계 각국의 대도시에는 널리 알려진 전통음식이 흔치 않다. 맛은 평균 이상이지만 어디에선가 먹어봤음직한 느낌을 주는 음식이 태반이다. 이른바 '퓨전 음식'이다. 예나 지금이나 문명이 만나는 곳에서 퓨전 음식이 생겨난다. 특히 교역과 정보교환이 활발한 현대사회에선 퓨전 음식이 대중화될 수밖에 없다. 뉴 밀레니엄 경제의 특징도 '퓨전'이다. 퓨전이 단순한 문화현상을 넘어 기업의 모든 활동에 적용되는 디지털경제 시대의 새로운 화두가 되고 있는 것. 세계 유수의 기업들이 '변화를 두려워하지 않는' 힘을 갖게 된 것도 '퓨전 경영' 덕분이다. 이들 기업은 전통 제조업에 IT 산업의 날개를 달았고, 온라인에서 출발해 생산 제조현장으로 돌아오기도 했다.

여기에는 놀라운 용기와 통찰력으로 기업의 비전을 제시하는 CEO와 이를 뒷받침해주는 기업문화가 있다. 변화에 적응하고 그 변화를 자신의 것으로 만들어 성공사례를 만드는 기업만이 불황을 모른다고 말할 수 있다.

투자 종목을 고를 때도 이 점을 참고할 만하다. 해외 네트워크와 온라인·오프라인을 넘나드는 유연한 생산 및 정보전달 체계가 갖춰진 기업이 '우량기업'이다. 자신을 잘 알릴 수 있는 것(IR)도 중요하다. 퓨전 경제의 눈으로 종목을 보면 다면평가가 가능해진다.

퓨전 경제의 눈으로 종목을 보면 다면평가가 가능해진다.

투자에 성공하는 사람들은 결코 자신의 뜻대로 시장이 움직일 수 없다는 것을 잘 알고 있으며, 어떻게 하면 시장과 한 몸이 돼 함께 흐를 것인지를 연구한다. 돌이킬 수 없는 큰 손실은 누구나 다 아는 폭락장에서 나오지 않는다. 10개의 종목에서 어렵게 창출한 20%의 수익인데, 단 한 개의 종목 때문에 며칠 만에 그 절반을 까먹을 수 있다. 시장에서 벌어지는 어떤 일에도 집착하지 않는 것, 그것이 바로 시장에서 살아남을 수 있는 전략이다. 겸손은 가장 기본이 되는 투자원칙이다.

3*

숲의 움직임을 주목하라

주식시장 변수 읽는 법

01 바닥권의 악재에는 사라 – 주가는 큰 폭으로 하락하면 그 회복도 빠르다

경제학보다는 심리학이나 《주역(周易)》을 공부한 사람이 주가를 더 잘 꿰뚫어볼 수 있다고 생각하는 사람이 주위에 많다. 한술 더 떠서 주가는 '미래학'인데 애널리스트는 '고고학'에 다름 아닌 실적에만 매달리고 있다고 비판하는 투자자도 적지 않다. 주가 흐름을 점치는 게 불가능에 가깝기 때문에 나오는 얘기다. 주가가 왜 올랐는지, 또는 왜 내렸는지를 속시원하게 풀어줄 수도 없다.

　반등 장세를 예고해주는 풍향계는 따로 없다. 다만 "바닥권의 악재에선 사라"라는 증시 격언은 주가의 심리학적인 요인을 빗대는 말일 것이다. 바닥권에서는 호재가 나타나도 영향을 전혀 받지 않는다. 통상 주가가 바닥권에 이르면 '사자' 세력이 자취를 감춰버리고 소량의 겁을 먹은 매도세에 의해 주

바닥일 때 주식을 사는 게 좋다. 바닥권의 악재는 크게 보이지만, 그것은 상승을 위한 마지막 진통인 경우가 많기 때문이다.

가가 크게 떨어진다. 그러다가 조그만 악재가 튀어나오면 그 충격으로 주가는 한 차례 더 하락한다.

지나고 보면 이 때 주식을 사는 게 좋다. 바닥권의 악재는 크게 보이지만 그것은 상승을 위한 마지막 진통인 경우가 많기 때문이다. 또 시장에 예기치 못한 쇼크로 주가가 큰 폭으로 하락하면 그 회복 또한 빠르다는 것을 알 수 있다.

02 바닥 징후—상장사들이 자사주 매입에 열을 올릴 때

"위험 회피가 경제를 위협하고 있다"라는 분석이 나오면 대체로 주가는 바닥을 찍는다. 그만큼 주식투자자들이 몸을 잔뜩 움츠리고 있다는 뜻이기 때문이다. 이럴 때 자본시장뿐 아니라 실물경제도 마찬가지로 깊은 병을 앓고 있는 경우가 많다. 그 결과 기업 매물이 쏟아진다.

물론 '사자'가 많아서가 아니다. 비싸게 팔 수 있어서도 아니다. 헐값에라도 팔아치워야 하는 절체절명의 기로에 서 있기 때문이다. 그러나 애시당초 흥정이 불가능할지도 모른다. '팔자'는 쪽에서는 '아깝다'고 엄살을 떨지만, '사자'는 쪽에서는 급할 게 없다. 기업 매물이 늘고, 거리로 내몰리는 실업자가 늘고 있는 이유는 경기침체가 실물경제를 뒤흔들기 때문이다. 이처럼 도저히 못살겠다고 아우성이 터져나올 때가 매수 타이밍의 신호가 되곤 한다.

기업의 건강상태를 가장 잘 아는 경영진이 자사주 매입을 결정한다는 것은 주가가 지나치게 싸다고 시장에 신호를 보내는 것으로 해석할 수 있다.

안전자산을 선호하는 경향이 굳어지는 것도 주가가 바닥을 지나는 신호로 해석할 수 있다. 또 상장사들이 자사주 매입에 열을 올릴 때가 바닥일 가능성도 크다.

2003년 초 거래소와 코스닥 시가총액 1위 기업인 삼성전자와 KTF가 각각 대규모의 자사주 매입을 발표했다. 뚫린 둑에 마대자루를 정성스럽게 쌓아올리는 모습이 대견스럽기도 하다. 하지만 기업의 건강상태를 가장 잘 아는 경영진이 자사주 매입을 결정한다는 것은 주가가 지나치게 싸다고 시장에 신호를 보내는 것으로 해석할 수 있다.

03 성공과 좌절─시간과의 싸움에서 무너지면 누구도 구제해줄 수 없다

한 도쿄대 졸업생이 일본 최고의 기업으로 꼽히는 마쓰시타(松下)에 입사원서를 냈다. 결과는 낙방. 이 청년은 수치심과 분노 속에서 괴로워한 나머지 결국 자살한다. 그러나 다음날 청년 앞으로 전보 한 통이 날아왔다. "당신이 수석 합격자인데 전산 문제로 누락됐다"라는 내용.

이 소식을 전해들은 마쓰시타 고노스케(松下幸之助) 회장의 반응이 걸작이다. "이 학생이 젊은 나이에 세상을 떠난 것은 참으로 애석하고 안타까운 일이다. 그러나 우리 회사가 이 학생을 받아들이지 않게 된 것은 큰 행운이 아닐 수 없다."

일시적인 역경이나 고난을 극복하지 못하고 좌절한다면 나

약한 인간에 그치고 말 뿐, 그것을 극복하면서 인간은 더욱 강해진다는 것이 그 이유였다.

공중곡예는 시간과의 싸움이다. 곡예사들은 촌각의 타이밍을 맞추기 위해 연습을 거듭한다. 실패 확률이 낮은 곡예사일수록 '시행착오'라는 과거의 흔적이 많이 묻어 있다. 주가도 수많은 시행착오를 쌓아가며 상승과 하락을 반복한다.

증시가 '갈 지(之) 자' 횡보를 보일 때 '시간차' 효과가 나타난다. 수출 경기의 회복시점이 예상보다 늦어지면서, 시장의 주도권이 내수에서 수출로 넘어가는 데 시간이 걸리는 경우가 대표적이다. 경제지표와 실물의 시간차도 종종 나타난다. 그러나 거기서 실망할 필요는 없다. 시간과의 싸움에서 좌절해 스스로 무너지면 누구도 구제해줄 수 없다.

04 │ 캘린더 뷰-눈에 보이는 게 전부가 아니다

예나 지금이나 달력에 나와 있는 전국 8도(道)의 풍경은 대부분 '진경산수(眞景山水)'를 담고 있다. 그러나 달력 풍경은 대체로 실제보다 과장된 표현으로 이루어져 있다. 발품을 팔아 실제 풍경을 확인하면 '그러면 그렇지'라고 아쉬워하기 십상이다.

달력 속의 풍경을 '캘린더 뷰'라고 부른다. 이 말에는 특정 장소의 가장 아름다운 모습만 담아내고 있다는 비아냥이 들어 있다. '착시현상'을 노리고 있다는 의심도 받는다. 주식시장에서도 마찬가지다. 상승기 때는 이 같은 일이 자주 벌어진다. 투자자들은 호재성 재료만을 모으려고 한다. 달력에 어울리는 그림만 화보집에 담는 셈이다.

눈에 보이는 게 세상사의 전부가 아닐 수 있다. 따라서 그 이면의 신비감에 도취돼 모험에 나서기도 하고, 보이는 것에 지레 겁을 먹고 스스로 무너지기도 한다.

최근 주식시장의 특징은 투자자들 사이에서도 판단이 엇갈릴 정도로 뒷배경이 빠르게 바뀌고 있다는 점이다. 따라서 그 배경이 캘린더 뷰인지, 실제 모습을 반영하는지를 잘 따져봐야 한다. 재미있는 것은 주식투자 자체가 고도의 심리전이기 때문에, 예컨대 삼성전자가 '놀라운 실적'을 냈는데도 이를 '캘린더 뷰'라고 주장하는 세력이 나타나기도 한다는 점이다.

05 1센트의 마력 — 비교시점보다 좋아지면 '따봉'

주식시장은 역설이 또 다른 역설을 낳는 비논리의 경연장이다. "예상보다 더 나쁘지 않다"라는 판단이 호재로 자리잡는 경우도 있다.

사진을 찍을 때 사람들은 뒷배경을 중요시한다. 뒷배경에 따라 포즈가 달라지기도 한다. 실내에서 찍을 때와 밖에서 찍을 때 취하는 포즈가 다르다.

지난 2002년 미국에서는 '1센트 효과'가 나타났다. 당시 야후(Yahoo)의 2사분기 실적이 주당 0센트에서 1센트로 높아졌다는 소식이 미국 증시를 달군 것. 주가가 내릴 만큼 내렸다는 인식과 앞으로 더 좋아질 것이란 기대감이 상승 작용을 일으킨 셈이다.

주식시장에서는 1센트가 시장을 웃고 울리는 것보다 더 황당한 국면이 나타나기도 한다. 이를테면 예상치보다 실적이 좋아졌다고 해서 박수를 보내기도 한다. 적자폭이 줄어든 게 대표적이다. 본질적으로 여전히 부실의 늪에 빠져 있는데도 투자자들은 이 같은 기업에 박수를 보낸다.

낙관론도 어찌 보면 우스꽝스러운 생각에서 출발한다. 올해의 상황이 워낙 나빴기 때문에 내년에는 조금만 호전되어도 그 차이가 크게 보일 것이란 분석이 나오면 시장은 강세장으로 바뀐다. 이른바 '베이시스 이펙트(basis effect)'가 증시에서도 자주 나타난다. 비교시점보다 좋아지면 '따봉'으로 받아들이는 것을 말한다.

06 역사의 반복-역사의 수레바퀴는 돌고 돈다

대공황이 일어난 1929년 이후, 6년 동안 미국 주가는 무려 89%나 떨어졌다. 사람들은 그것이 무시무시한 대공황의 후폭풍이란 것을 뒤늦게 깨달았다. 대공황은 라디오·전축·전화 등 신발명품이 빚어낸 부산물이었다.

경제발전의 '엔진'이었던 신발명품은 거품이라는 부산물을 만들어냈다. 대형엔진을 장착한 트럭이 매연(거품)을 많이 뿜어내던 시절이었다.

신기술이 개발되면 사람들은 우선 가능성에 주목한다. 철도·자동차·항공기·컴퓨터가 처음 나왔을 때도 그랬다. 예상되는 어려움과 성사 여부에 대한 검증 작업은 외면한다. 1920년대에는 비행기만 개발됐을 뿐, 구체적인 운행 스케줄은 없었다.

그런데 뉴욕 증시에 상장된 시포트 에어라인의 주가가 비행기 개발소식이 전해진 이후 3배나 급등했다. '에어라인' 간판을 달고 있었지만, 사실은 철도회사였는데도 말이다. 월가를 지배하는 건 '탐욕'과 '두려움'이라는 단 두 가지 감정뿐이란 얘기도 이 같은 이유에서 나온 것이다.

대공황을 책 속에서 배웠던 오늘날의 세대는 이 같은 사실을 실감하지 못할지도 모른다.

그러나 지난 2000년 이후 미국 나스닥지수가 폭락한 것과 코스닥시장이 미끄럼을 탄 것을 1920년대 대공황 당시와 비교해보면 섬뜩할 정도로 비슷하다.

인터넷과 IT라는 신발명품이 주도했던 미국의 '신경제.' 그것이 뒤뚱거리면서 "급하게 먹으면 체한다"라는 평범한 진리를 깨우쳐주고 있다.

2000년 이후 미국 나스닥지수가 폭락한 것과 코스닥시장이 미끄럼을 탄 것을 1920년대 대공황 당시와 비교해보면 섬뜩할 정도로 비슷하다.

07 숲이 움직일 때-시장을 선도하려는 세력은 누구인가?

잘 가꿔진 숲일수록 태풍에 효과적으로 견딘다. 태풍이 물러난 뒤의 복원력도 뛰어나다. 현재는 태풍(불황)이 거대한 숲(경제)을 할퀴려는 시기다. 경기 사이클에 따라 나타나는 침체국면이나 계절변화로 찾아오는 태풍은 어찌 보면 피할 수 없는 인간의 숙명이다. 때가 되면 저절로 치유되는 속성도 없지 않다. 그러나 미리 숲을 잘 가꿔놓으면 뒷감당이 훨씬 수월하다는 점은 분명하다.

숲이 움직이는 모습을 간파하기란 쉽지 않다. 그러나 힌트는 있다. 업계를 대표하는 기업들의 합종연횡이 나타날 때 대개 큰 숲이 움직인다. 지난 2002년 세계 3위 PC 업체인 휴렛팩커드가 2위 업체인 컴팩(Compaq)을 인수 합병하기로 한 것도 숲이 움직인 대표적인 사례로 꼽을 수 있다. 감당할 수 없는 두려움이 엄습하면 서로 손을 맞잡거나 버릴 것은 과감히 버리는 전략을 실천한 것. 이 때의 힌트는 "경제가 무척 어렵다"일 것이다.

부유한 사람들만 누릴 수 있었던 목욕 문화가 확산된 배경에는 상업주의적 음모가 숨어 있었다. 1919년 미국에서 수도회사와 비누회사들이 목욕 운동을 적극 전개하고 나섰다. 당초 공공 수도시설은 소방 및 공업용수를 공급하기 위해 설치됐으나, 이 같은 음모에 따라 가정용으로 빠르게 퍼졌다. 특히 집안

숲이 움직이는 모습을 간파하기란 쉽지 않다. 업계의 대표적인 회사끼리 합종연횡이 나타날 때 대개 큰 숲이 움직인다. 공급이 됐든 수요가 됐든, 시장을 선도하려는 세력이 나와야 세상이 바뀐다. 그 때 주가는 크게 움직인다.

94

에서 수도꼭지를 틀 수 있게 되면서 물 소비량은 기하급수적으로 늘었다. 여기서 얻은 정보는 '수요가 살아난다' 는 것.

공급이 됐든 수요가 됐든, 시장을 선도하려는 세력이 나와야 세상이 바뀐다. 그 때 주가는 크게 움직인다.

08 아버지의 모습―아무도 거들떠보지 않았던 주식

그림을 배우기 시작하는 어린이들이 자주 그리는 것 중의 하나가 가족의 얼굴이다. 할머니, 아버지, 엄마, 동생 등을 그리면서 아버지의 모습을 꼬마인 자신보다 작게 그려놓은 것을 보고 깜짝 놀랐던 기억이 있는 아버지들이 많을 것이다. 가족과 함께 어울리는 시간이 절대적으로 부족한 아버지의 모습이 동심(童心)의 눈에는 난쟁이로 비치는 게 어쩌면 당연할지도 모른다.

최근 몇 년 간 꼬마의 눈에 비친 아버지 상(像)처럼 '구(舊)경제주' 는 주식시장에서 스포트라이트를 받지 못했다. IT라는 신기루가 눈을 멀게 했기 때문이다. 그러나 최근 들어 구 경제주의 모습이 점차 커보이기 시작하고 있다. 특히 꾸준히 속살을 채우면서 배당 여력이 커진 구 경제주가 군침을 돌게 하기 때문이다.

주가와 인간사도 알고 보면 일맥상통한다. "기르던 말이 어디론가 도망을 갔으나 후에 배필을 데리고 온다. 그러나 말 타

주가와 인간사도 알고 보면 일맥상통한다. 새옹지마의 고사처럼 주식도 투자자들의 관심권에서 멀어졌다가 되돌아오기도 한다.

기를 좋아하는 아들이 말을 타다 낙마, 그만 다리를 다치는 불행을 당한다. 후일 그 아들은 전쟁에 출전하지 않게 돼 죽음을 면한다.'' '새옹지마(塞翁之馬)'의 고사다.

사실 구 경제주는 최근 들어 IT주의 그늘에 가려 잔뜩 기가 죽었던 터다. 아무도 거들떠보지 않았던 주식들이 투자자들의 관심권 안으로 돌아오고 있다. 이 또한 '새옹지마'인 셈이다. 내용이 좋은데 화석처럼 굳어 있는 주식은 없다.

09 체감지수─예측보다는 흐름에 편승하는 것도 방법

경제흐름을 예측하기란 사실상 불가능하다. 마치 일기예보와 비슷하다. 미국에서는 맥도날드(McDonald) 체인점의 아르바이트생 모집광고나 주유소의 할인율로 경제를 예측하는 학자가 있다. 19세기 말 영국 경제학자인 윌리엄 스탠리 제본스는 장기적인 일기 전망을 이용, 수확 예측을 하기도 했다. 그러나 이 같은 예측은 일종의 '노하우'라고 할 수 있기 때문에 빗나가도 할 말은 있게 마련이다.

전설적인 펀드 매니저인 피터 린치는 "매력적이라고 생각되는 회사를 발견할 수 없다면 그런 회사를 발견할 때까지 은행에 돈을 맡겨두어라"라

고 말했다. 특정 시점에 투자할 만한 회사가 없을 수도 있다는 뜻으로 해석되는 대목이다.

'가치 투자자' 입장에서는 그럴 수도 있다. 그러나 꿈을 먹고사는 주가의 속성을 볼 때 "더 나빠지는 않겠지"라는 투자자의 현실 인식이 주가를 밀어올리는 경우도 있다. 가치주만이 투자에게 보답한다는 것은 진리가 아니다. 어느 날 갑자기 개나리가 피듯이 주가가 상승세로 방향을 잡거나, 하락세로 돌아서는 원인을 찾지 못하는 경우도 있다. 때로는 예측보다는 흐름에 편승하는 것도 한 방법이다.

10 엇박자 타령―추세를 읽어내는 눈

'엇박자 타령'이 유행이다. '미 경제지표 엇박자', '실물과 체감지수 엇박자' 등의 표현으로 신문지상에 자주 등장한다. 물론 국어사전에는 없는 신조어다. 이는 또한 "박자가 딱 들어맞는다"라는 말의 대구(對句)로 쓰여진다. 엇박자 타령이 유행하고 있는 것은 뜻대로 되는 일이 없는 시대상황을 대변한다.

지난 2002년 세계 증시는 앨런 그린스펀(Allen Greenspan) FRB 의장의 입만 쳐다봤다. 금리 인하폭이 크면 유동성 보강을 기대해도 좋고, 낮으면 낮은 대로 실물경기에 대한 자신감으로 이해하면 그만인데도 말이다. 모든 경제지표와 투자주체의 생각이 한 방향일 때는 드물다. 박자는 때가 되면 소리 없

과거와 현재가 만들어 낸 추세는 미래에 영향을 미친다.

이 들어맞게 된다.

시험문제지를 받아든 한 학생이 아인슈타인(Einstein)에게 따져 물었다. "작년과 시험문제가 같은데요. 그것도 완전히 똑같아요." 아인슈타인은 이렇게 대답했다. "자네 말대로 작년과 문제가 똑같네. 하지만 해가 바뀌었으니 답은 다를 거라고 생각하네."

변하지 않는 것은 없다고 했던가. 과거와 현재가 만들어낸 추세는 미래에 영향을 미친다. 하지만 셋은 분명 다른 모습이다. 추세를 읽어내기란 그만큼 어렵다.

11 새 연대기-변화가 있는 곳에 투자가 있다

인류 역사의 큰 줄기는 기원전(BC)과 기원후(AD)로 갈린다. 둘 사이에는 이정표만 달랑 있는 게 아니다. 수많은 변화가 가로놓여 있다. 요즘에는 BT(Before Terror)와 AT(After Terror)를 전후해 인류의 역사가 크게 바뀌고 있다는 분석이 설득력을 얻고 있다.

우선 '9·11 테러' 이후 종교갈등이 더욱 깊어지고 있다. 경제적인 측면에서도 테러 이후 변화기류가 빨라지고 있다. 혼절했던 주식시장이 기사회생한 것도 테러 이후의 변화라고 할 수 있다. 세계 각국의 부동자금이 이곳저곳 돈이 되는 곳을 치고 빠지는 게릴라식 투자에 나서는 것도 테러 이후부터다.

지난 1986년 무렵 '재테크'라는 용어가 일본에서 수입되었다. 시대적으로는 공장이 밤낮없이 가동되면서 국제수지 흑자가 지속되던 때였다. 개인의 호주머니 사정이 넉넉해지면서 돈을 굴려야 할 필요성이 생긴 것이다. 일본에서 재테크 바람이 분 것은 저금리정책 때문이었다. 그 역풍이 '10년 불황'의 단초를 제공했다는 분석도 있다. 버블을 만들어냈기 때문이다.

과잉유동성이 만들어낼 수 있는 '모래성'에 대한 우려감 때문에 돈이 한 곳에 머물지 못하게 하는 것이 아닐까?

세계 각국의 부동자금이 이곳저곳 돈이 되는 곳을 치고 빠지는 게릴라식 투자에 나서는 것도 테러 이후부터다.

12 증시상열지사–주가가 경기회복을 만나면

TV 방송국들이 역사 드라마를 통해 고려시대를 앞다퉈 조명하고 있다. 점점 베일이 벗겨지고 있는 고려인들의 생활상은 늘 정열에 차 있었던 것 같다. 넘치는 열정은 남녀관계에서도 그대로 드러난다. 훗날 고려의 간판을 내린 조선의 지식인들은 고려인의 노래를 '남녀상열지사(男女相悅之詞)'라고 몰아세웠을 정도다. 이는 '남녀가 서로 즐기는 노래'라는 뜻이다. 고려속요는 대부분 평민층에서 불려진데다 남녀 간의 뜨거운 사랑을 읊은 내용이 많아서였다.

주식시장이 뜨거워질 때도 '증시상열지사'가 메아리친다. 날로 뜨거워지는 주식시장이 남녀 간의 불타는 사랑과 비슷하다는 얘기가 많다. 첫 만남에서는 서로 시큰둥하다가 차츰 믿

증시상열지사의 두 연인은 주가와 경기다. 주가가 꿈에도 그리던 경기(실적)회복을 만나면 열광하는 게 당연할지도 모른다.

음을 쌓고, 그래서 점점 보고 싶은 마음을 키우는 그런 사랑처럼 말이다.

증시상열지사의 두 연인은 주가와 경기다. 주가가 꿈에도 그리던 경기(실적)회복을 만나면 열광하는 게 당연할지도 모른다. 비록 처음에는 "아직은 이른 게 아닐까?" 하고 의심도 하겠지만, 두 사람의 사랑은 차츰 깊어질 대로 깊어진다.

세계 자본시장을 쥐락펴락하는 서구의 거대자본이 위험부담을 감수하고 나섰다는 분석이 잇따르면 점차적으로 경기가 회복되는 경우가 많다.

13 매미와 바캉스 - 인고의 세월을 넘어 주가 부활의 노래를 부를 때

한 시인은 "한여름 폭염보다 더 뜨겁게 매미가 운다"라고 노래했다. 매미는 통상 4~6년 땅 속에서 유충상태로 있다가 성충이 돼서는 고작 1주일밖에 살지 못한다. 이 같은 이유로 고대인들은 매미를 불사(不死)와 재생의 상징으로 여겼다. 매미가 울면 비를 부른다는 믿음도 컸다.

증권 1번가인 여의도에서 매미 소리는 유난스럽게 요란하다. 도시의 온갖 소음을 잠재울 듯한 기세로 울어댄다. 그리고 높아지는 매미 소리에 따라 하나둘 휴가를 떠나는 사람도 늘어난다. 다람쥐 쳇바퀴 도는 듯한 일상에서 벗어나는 바캉스는 '꿀맛'이다. 지친 심신을 달랠 수 있기 때문이다. 특히 오

르고 내리기를 반복하는 롤러코스터 장세에서 잠시라도 탈출
할 수 있다는 것은 큰 행운이다.

상승세가 꺾인 주식시장에서 필승을 고집하면 득보다는 실이 많아진다.

　바람이 불지 않으면 돛을 내려야 한다. 바람을 받지 못하는
돛은 선원들에게 부담이 된다. 주식시장도 마찬가지다. 상승
세가 꺾인 주식시장에서 필승을 고집하면 득보다는 실이 많아
진다. 그러나 매미처럼 인고의 세월을 참아내면 언젠가 주가
부활의 노래를 부를 수 있다.

14 백화제방—논쟁이 뜨거울수록 주가는 약발을 받는다

세상이 시끄럽다. 정치권에서 잉태된 '네 탓' 공방과 편 가르
기는 가히 백화제방(百花齊放) 시대를 떠올리게 한다. 온갖 꽃
이 만발하는 것처럼 많은 사람들이 각자의 주장을 펴는 것이
백화제방.

　경제도 백화제방 시대를 맞고 있다. 수출로 먹고사는 나라
에서 수출이 사상 최악의 상태에 빠졌다는 것은 그냥 넘길 일
이 아니라는 주장이 있는가 하면, 우리나라 경제의 기관차인
반도체 경기가 바닥을 찍었다는 낙관론도 고개를 들고 있다.
부동자금은 넘치지만 유동성 함정에 빠지고 있다는 논란도 거
세다.

　이럴 때 주가의 바닥 논쟁이 뜨거워진다. "곧 실물경기가 살
아나니 저점 매수에 나서라"라는 주장과 "바닥을 확인할 만한

주식시장 주변에서 논쟁이 뜨거워지면 주가는 어떤 식으로든 몸부림을 친다.

증거는 없다"라는 주장이 팽팽하게 맞선다. 돌이켜보면 움직이는 것이 큰 방향을 틀 때 격렬한 논쟁이 벌어지곤 했다. 증시 주변에서 논쟁이 뜨거워지면 주가는 어떤 식으로든 몸부림을 친다. 논쟁이 뜨거울수록 주가가 약발을 받는다. 백화제방은 싸움의 시작이지만, 뒤집어보면 문제 해결의 첫 단추를 푸는 계기로 볼 수 있다.

"봄을 찾기 위해 산과 들을 헤매다가 심신이 지친 사람이 주저앉은 채, 눈을 들어 보니 바로 앞에 있는 매화가지에 봄이 와 있더라." 두보(杜甫)가 지은 이 싯귀는 두고두고 음미할 만하다.

15 관문(關門) — 일단 관문을 열면 신천지가 펼쳐진다

한창 시험을 준비하는 사람들은 '시험 통과'에만 목숨을 건다. 그 후를 생각하는 사람들은 많지 않다. 이른바 관문을 열어젖히는 데 혈안이 되어 있다. 그렇지만 일단 관문을 열면 신천지가 펼쳐진다. 그것이 세상의 이치다.

'어, 어?' 하고 오르는 주가가 어느 덧 저항선을 잇따라 뚫고 대세 상승의 모습을 보이는 때가 있다. 지난 2002년 가을에 900포인트 선을 넘어 1,000포인트 선을 노릴 때가 그랬다. 물론 수급과 재료가 주가 상승을 뒷받침하겠지만, '관문 효과'가 적지 않다.

'기다리는 조정'은 좀처럼 나타나지 않는다. 오히려 "떨어지지 않는 주가는 오른다"라는 증시 격언이 떠오른다. 주가가 조금이라도 떨어질라치면 달려드는 왕성한 대기매수세가 모든 걸 말해준다.

'어, 어?' 하고 오르는 주가가 어느 덧 저항선을 잇따라 뚫고 대세 상승의 모습을 보이는 때가 있다. 떨어지지 않는 주가는 오르는 법.

해마다 봄이면 여의도는 벚꽃 세상으로 바뀐다. 벚나무는 다른 나무와 마찬가지로 수령(樹齡)에 따라 꽃망울을 터뜨리는 시기가 다르다. 그렇지만 멀리서 보면 모두가 환하게 웃는 모습일 따름이다. 모여 있을 때 더 아름답다. 벚꽃이 만개할 때 봄은 정점을 찍지만, 그래서 더 화려한 여름이 열리지 않는가.

한 가지 더. "내가 그의 이름을 불러주기 전에는/그는 다만 하나의 몸짓에 지나지 않았다/내가 그의 이름을 불러주었을 때/그는 나에게로 와서 꽃이 되었다…" 김춘수의 시 〈꽃〉은 읽을 때마다 많은 것을 생각하게 한다. 주식시장에서는 이런 꽃들을 '주도주'라고 부른다.

16 주가 레임덕―증시 환절기에는 우선주와 자산주에 주목하라

우리나라 주식시장은 대통령 임기와 같은 사이클을 그린다는 분석이 있다. 공교롭게도 1980년대 이후 5년 단임제인 대통령 임기와 반도체 경기 사이클이 주가와 비슷한 흐름을 보이고 있다는 것.

조사결과 집권 초기에는 오름세를, 말기에는 내림세를 보인 것으로 나타났다. 새 정부 출범 초기에는 새로운 국가 비전과 경기부양책의 제시로 증시에 대한 기대 심리가 높아지기 때문이라는 설명이다.

대통령 중임제를 택하고 있는 미국의 경우는 좀 다르다. 지난 1969년 이후 대통령 재선을 앞둔 집권 3년 차의 주가상승률이 가장 높았다는 조사결과가 있다.

레임덕 현상은 일종의 환절기 질환이다. 환절기에는 일교차가 커지면서 계절이 바뀌고 있다는 것을 피부로 느끼게 된다. 한낮에는 늦더위가 기승을 부리지만 해질 무렵이면 선선한 바람이 불어와 산책을 유혹한다. 가을이 성큼 다가와 있다는 신호를 보내주는 셈이다. 이러한 환절기에는 각별한 건강관리가 필요하다. 계절이 바뀌면 생체 리듬도 이에 맞춰 변화하게 되는데 여기에 잘 적응하지 못하면 몸에 병이 생긴다. 증시 환절기에는 우선주와 자산주에 매기가 몰리는 현상이 자주 나타난다.

레임덕 현상도 오래 가지는 못한다. 이상 기류가 오랫동안 머무를 수는 없는 이치와 같다.

17 토사구팽－실물지표와 심리지표가 '재회'하지 못하면 정책수단은 팽(烹)당할 수 있다

토사구팽(兎死狗烹)은 필요할 때는 소중히 여기다가 쓸모가 없어지면 버린다는 뜻. 2002년 이후 여의도 증권가는 두고두고

저금리 정책이 토사구팽될 것인지에 관심을 갖고 있다. 저금리 정책은 내수 진작책과 어울려 경기에 온기를 불어넣는 주요 수단이다. 원래 제조업은 금리에 둔감한 반면 소비와 건설은 민감하다. 이에 따라 경기가 둔화되면 중앙은행은 통상 금리를 낮춰 소비와 건설을 자극하는 내수 진작책을 쓴다.

그런 노력이 어느 정도 결실을 맺으면서 정부가 저금리 정책을 철회할 것인지에 관심이 쏠리고 있다. 그 시기는 수출이 예고해줄 것이다. 수출이 되살아나 공장이 잘 돌아가면, 그 때는 사냥개를 새로 구해야 하기 때문이다. 그러나 머뭇거리던 한국은행 금융통화위원회는 2003년 오히려 금리를 추가로 인하했다. 경기가 다시 냉각되는데다 미국의 디플레이션 가능성이 우려되고 있기 때문이다.

만나고 헤어지는 일이 반복되는 게 인생사다. 주식시장도 다를 게 없다.

호재와 호재가 서로 팔장을 끼면서 상승장이 펼쳐지기도 하고, 악재가 또 다른 악재를 만나 나락으로 떨어지기도 한다. 호재가 내키지 않는 악재를 만나 토라지는 경우도 있다. 실물지표와 심리지표가 '재회'하지 못하면 언제든 정책수단은 팽(烹)당할 수 있다.

사랑이 깊어져야 재회가 앞당겨진다.

18 초원의 전쟁 – 사자가 될지 얼룩말이 될지 결정하라

동물은 눈을 보면 맹수인지 아닌지 구별할 수 있다. 얼룩말, 사슴 등 초식동물의 눈에는 사뭇 정감이 흐른다. 반면 사자는 눈이 작고 가늘며 날카롭다. 멀리 보기에 좋은 구조여서 목표물을 쉽게 겨냥한다. 목표물이 정해지면 다른 동물은 쳐다보지도 않는다.

반면 얼룩말은 눈이 큰 데다 앞으로 튀어나와 있다. 귀 가까운 곳에 붙어 있는 것도 특징. 구조가 방어적이다. 시야가 넓어야 주위에 도사리고 있는 맹수를 피할 수 있다. 그래서 '초원의 전쟁'은 항상 공격과 수비가 숙명적으로 정해져 있다.

아프리카 초원에서는 사자의 사냥법을 배울 만하다. '밀림의 왕자'인 사자는 사슴을 쉽게 노획하지 못한다. 사정권은 100m 안팎이다. 두 동물의 순발력과 지구력의 차이 때문. 사자는 사슴 사냥에 성공하기 위해 몸을 수풀 속에 감추고 꼬리를 높이 쳐든 채 낮은 포복으로 접근한다. 또 아프리카 사자들은 10~20마리가 떼지어 사는 게 특징이다. 사냥할 때는 군대가 움직이듯 여러 마리가 '공동 작전'을 펼쳐 얼룩말, 사슴 등 사냥감을 노획한다.

투자자들도 사자처럼 공격적이어야 할지, 아니면 얼룩말처럼 방어에 나서야 할지 결정해야 한다. 그건 본인의 투자성향에 따라 다르고, 상황에 따라 다를 수 있다.

투자자들도 사자처럼 공격적이어야 할지, 아니면 얼룩말처럼 방어에 나서야 할지 결정해야 한다.

19 싱글과 양파–주식투자도 기초를 다져야 '대패'하지 않는다

아마추어 골퍼가 '싱글'의 경지에 오르기란 매우 어렵다. 싱글 골퍼에겐 보기 플레이어가 실수를 했을 때 둘러대는 '핑계'보다 더 많은 '노력'이 숨어 있다. 싱글을 한 뒤 한턱을 내는 건 동반자보다는 오히려 자기 자신에 대해 고마움을 표시하는 '통과의례'인지도 모른다. 반대로 '양파'를 서슴없이 하는 골퍼들은 끊임없이 핑곗거리를 찾는다.

싱글이 '기초'에서 출발하듯 주식투자도 기초를 다져야 '대패(大敗)'하지 않는다.

골프를 처음 배우면 모두가 '골프 예찬론자'가 된다. 또 조금 공이 맞는가 싶으면, 이 때부터 다른 사람에게 골프를 가르치려 한다. 이런 그룹에 속하면 '하수'다. 그러나 내공이 쌓인 골퍼라면 누가 '원 포인트 레슨'을 요청할 경우도 "잘 모르지만 난 이렇게 친다"라거나 "프로 골퍼를 찾아가라" 하고 발을 뺀다.

'고수'의 덕목은 '겸손'이다. 세상사를 살펴보면 겉으로 요란하거나 목소리를 키우는 사람 치고 실속이 있는 경우는 많지 않다.

싱글이 '기초'에서 출발하듯 주식투자도 기초를 다져야 '대패(大敗)'하지 않는다. 그건 끊임없는 공부다. 잘 나갈 때는 주위에 관심이 없다가 시절이 하수상하면 온갖 핑곗거리를 찾는 투자자는 절대로 '싱글'을 칠 수 없다.

20

송년회와 선거-완승할 수 있는 여유와 전략

연말 송년모임이 하나의 세시풍속(歲時風俗)이 된 듯하다. 이처럼 연말에 여러 사람과 교분을 나누는 송년회는 선거와 비슷한 점이 많다. 첫째, '과거지사'를 하나의 이벤트로 일괄처리하겠다는 배경이 숨어 있다. 친구 사이건 거래처의 상대방이건, 그 동안 소원했던 점을 풀어보자는 뜻이 숨어 있다. 둘째, 자신의 세(勢)를 과시하려는 의도가 은근히 녹아 있다. "나는 이런 모임에 간다"라며 어깨에 잔뜩 힘을 준다. 셋째, 성장 가능성이 큰 인물이 참석하는 모임에 서로 가려고 한다.

12월은 징검다리 송년회가 가로놓여 있어 이른바 '주월(酒月)'로 기억되기 십상이다. 거기에서 살아남는 사람은 주식시장에서도 살아남을 수 있지 않을까? 어떻게 하면 송년회에서 살아남을 수 있을까?

첫째, 절대 무리하지 말고 자기 페이스를 지켜라. 둘째, 술고래가 포진해 있는 강타선을 피하라. 셋째, 하위타선을 철저히 공략하라. 넷째, 적절한 시기에 작전 타임을 불러라. 다섯째, 타자의 타이밍을 빼앗아 헛스윙을 유도하라. 여섯째, 견제구를 효과적으로 사용하라. 마지막으로 소모전에서 완투하지 말라.

많은 사람의 이해와 관심이 녹아나는 연말 술자리에서 완승할 수 있는 여유와 전략이 있으면 주식시장에서도 쉽게 살아남을 수 있다.

많은 사람의 이해와 관심이 녹아나는 연말 술자리에서 완승할 수 있는 여유와 전략이 있으면 주식시장에서도 쉽게 살아남을 수 있다.

21 돌다리-군자금과 정보가 적은 개미군단은 중간에 서서 선발대의 전과를 좀더 지켜보는 게 낫다

손자(孫子)에게 어느 병사의 어머니가 질문을 던졌다. "하나뿐인 아들이 전쟁에 나가는데 선발대에 서야 할까요, 중군에 서야 할까요?"

손자의 답변은 명료했다. "영악한 병사는 이기는 전투에서는 선봉에 서야 하고, 지는 전투에서는 중군에 서되 반드시 물러설 자리를 살펴둬야 합니다. 이기는 전투에서 뒤에 물러나 있으면 그 공을 잃을 것이요, 지는 전투에서 선봉에 서면 그게 곧 불효입니다."

증권가에 내려오는 또 하나의 고전. "연못을 건너야 하는 병아리가 다른 동물들에게 방법을 물었다. 먼저 새가 날아오라고 했다. 오리는 헤엄을, 토끼는 뛰어오라고 했다. 그러나 병아리는 그 모든 것이 자신에게 힘겨울 뿐이었다. 이 때 어미닭이 나타나 연못 주위를 천천히 돌아서 오라고 했다. 병아리는 어미닭의 말을 듣고 안전하게 연못 건너편에 도달할 수 있었다."

주식투자자들은 자신이 병아리라는 사실을 잊고 새나 토끼처럼 욕심을 부려 연못을 건너가려고 애를 쓴다. 그러나 분수에 맞는 선택이 목적지에 도달하는 유일한 길이다. 군자금과 정보가 많지 않은 개미군단은 중군에 서서 선발대의 전과를 좀더 지켜보는 게 낫다. 퇴로는 미리 준비할 수 있지만 선발대에 서서 낙마하면 대오복귀가 쉽지 않다.

군자금과 정보가 많지 않은 개미군단은 중군에 서서 선발대의 전과를 좀더 지켜보는 게 낫다. 퇴로는 미리 준비할 수 있지만 선발대에 서서 낙마하면 대오복귀가 쉽지 않다.

쳇바퀴와 둥지-실적은 '주가의 고향'이자 '둥지'다

같은 일이 반복되는 것을 가장 참지 못하는 동물이 인간이다. 그래서 수시로 새 것을 찾아나선다. 그러나 한참 달려온 곳이 처음 출발한 바로 그 곳임을 확인하게 되면 좌절하기 십상이다.

주식시장에서도 이와 비슷한 일이 벌어진다. 약세장에서는 끊임없이 사고 팔며 온갖 부지런을 떨어도 원점을 맴돌게 마련이다. 반면에 강세장에서는 주식을 사놓고 게으름을 피워도 어느 순간 '대박'의 주인공이 된다.

무 자르듯 우리나라 증시의 특정 기간을 잘라 곰곰이 뜯어보면, 시가총액 상위사가 무겁게 버티고 있는 가운데 매수세가 중소형주로 풍차처럼 옮겨다닌다는 점을 알 수 있다. 몇 번씩 본 비디오테이프를 다시 틀어놓는 것과 같다. 원점을 맴돌며 에너지를 낭비하고 있다.

보고 또 본 장면을 자주 곱씹는 건 아직 투자자들이 특정 종목에 둥지를 틀지 못했기 때문이다. 실적은 '주가의 고향'이자 '둥지'다. 숲이 보이지 않을 때 우루루 몰려다니는 것은 현명하지 않다. 가뭄에도 성장을 멈추지 않는 나무를 찾는 게 훨씬 손쉬운 작업이다. 우리나라 증시에도 IMF 금융위기 때와는 체격과 체질을 완전히 바꾼 '기대주'가 적지 않다. 경영의 토양이 바뀐 것도 그저 지나칠 일이 아니다. 고향길은 고생길이지만 일단 도착하면 반가운 친지와 덕담을 나눌 수 있다.

강세장에서는 주식을 사놓고 게으름을 피워도 어느 순간 '대박'의 주인공이 된다.

110

23 | 생명띠―"도대체 무엇을 투자의 신호등으로 삼아야 합니까?"

선진국에 갈 때마다 빨간 신호등에 어김없이 멈추는 자동차를 보고 놀란다. 또 정지선을 넘는 차가 없는 사실에 다시 한번 놀란다. 우리와는 영 딴판이다. "왜 우리나라는 애널리스트가 유망종목으로 추천해도, 상장사가 컨퍼런스 콜(Conference Call)을 통해 실적을 공표해도 주가가 움직이지 않습니까? 도대체 무엇을 투자의 신호등으로 삼아야 합니까?" 이 같은 질문을 하는 투자자들이 많다.

신호등을 잘 지키고 안전띠를 매는 것이 투자의 첫 걸음이다.

개인투자자 비중이 많은 우리나라 증시에서는 수시로 오작동하는 '신호등'을 따르기보다는 '관심(關心)법'에 기대는 경향이 짙기 때문이다. 그러나 신호등이 오작동한다고 해서 완전히 무시해버리고 원칙을 지키지 않으면 두고두고 후회할 일이 생길 수도 있다.

몇 해 전 여름 휴가철 무렵이었다. 관광버스가 추락하는 사고가 두 곳에서 일어났다. 그러나 사고의 피해 규모는 전혀 딴판이었다. 한쪽에서는 승객의 절반이 사망한 반면, 다른 쪽에서는 부상자만 발생했다. 절반이 사망한 현장에서는 승객들이 '음주가무'로 위험에 쉽게 노출되어 있었던 반면, 다른 쪽

에서는 안전띠가 '생명띠'의 역할을 했던 것이다.

안전은 사소한 것을 지키는 데서 시작된다. 신호등을 잘 지키고, 안전띠를 매는 게 중요하다.

24 가속도―경험의 축적 없이 높은 수익률을 올릴 것으로 생각하는 건 착각이다

박세리 선수는 누가 뭐래도 한국의 간판 브랜드다. 그는 2003년 5월 말 현재 미국 여자프로골프(LPGA) 투어에서 20승을 올리고 있다. 그녀가 '무서운 존재'로 부각된 것은 연장전에 돌입한 뒤 한번도 패한 적이 없다는 점 때문이다. 박세리는 연장전에서 4승 무패를 기록 중이다. 또 최종라운드에 선두로 나선 경기 대부분을 우승으로 마무리한 것도 그녀의 괴력을 가늠케 한다.

이 정도면 스스로 마음을 다스리는 일에 달인(達人)이 되었다고 볼 수 있다. 한번 성취를 이루었던 사람은 어떤 상황에서도 문제를 풀어갈 수 있다는 자신감을 얻게 된다. 그게 쌓이면 '가속도'가 붙게 된다.

경험의 축적 없이 높은 수익률을 올릴 것으로 생각하는 건 착각이다. 하나하나 계단을 밟아가는 게 주식투자의 기본이다.

실패에 대한 두려움을 벗어던질 때 가속도가 붙는다. 무슨 일이든 자신감을 잃으면 계속 헛발질을 하게 된다. 자신감 없이 덤벼드니 좋은 결과가 나오기 어렵다. 자신감은 '실전' 경험에서 나온다. 몇 번의 지속적인 성취가 자신감의 밑거름이 된다. 경험의 축적 없이 높은 수익률을 올릴 것으로 생각하는 건 착각이다. 하나하나 계단을 밟아가는 게 주식투자의 기본이다.

25 'N'자 희망가—극한 상황을 맛보았던 종목의 주가가 더 강할 수 있다

"급할수록 돌아가라"라는 속담이 있다. 이 속담이 주식시장에도 적용될 수 있을까? 이와 비슷한 게 'N'자형 상승추세다. 오름세를 타고 있는 주식이 적당히 숨고르기를 한 뒤 재차 상승 페달을 밟으면 가장 이상적이다.

대개 한번 N자를 그린 종목은 쉽게 그 추세가 무너지지 않는다. 그렇지만 종종 1차 상승시 발생한 상승 갭(Gap)이 복병이 될 수 있다. 시장에서는 항상 갭을 메우려는 반작용이 끊임없이 일어난다. 그런 일이 반복되면 눌림목 현상이 나타나면서 오름폭을 까먹게 된다. 어느 쪽이든 주가의 향방은 투자심리가 결정한다.

고등학교 은사께서 졸업하기 직전에 들려주신 말씀. "친구들과 여행을 해보면 그 사람의 됨됨이를 알 수 있다. 남을 생각하는 마음이 있는지, 가정교육은 제대로 받았는지를 눈과 마음으로 느낄 수 있다. 인생의 반려자를 구할 때도 반드시 여행을 통해 최종 검증을 하거라."

주식시장에서도 마찬가지다. 극한 상황을 맞아본 종목의 주가가 더 강할 수 있다. 강점과 약점이 드러나 투자자들이 적절

주가의 향방은 투자심리가 결정한다.

하게 대처할 수 있게 만들기 때문이다.

26 3할대 타자 – 홈런왕보다는 타격왕이 장수하는 비결

야구에서 홈런왕이 '대박'의 주인공이라면 타격왕은 팀 플레이에 충실한 '내조형'의 대명사다. 감독이 수위타자를 더 신임하는 것도 그 때문이다.

주식시장에서 개인투자자들은 항상 대박을 겨냥한다. 홈런왕을 노리는 사람이 많다는 뜻이다. 그러나 무림의 고수가 내뱉는 한 마디는 다르다. "1년 365일 동안 야구를 위해 몸과 마음을 일로매진하는 선수들도 3할대 타율이 '목표'입니다. 그 이상은 욕심일 뿐입니다." 홈런왕보다는 타격왕이 장수하는 비결을 투자자들도 되새겨봐야 한다.

미국의 전설적인 홈런왕 베이스 루스(Babe Ruth)도 수많은 삼진아웃을 당한 끝에 '홈런왕'이란 타이틀을 차지했다. 결과는 화려했지만 실제로는 '모 아니면 도'라는 식의 스윙을 한 셈이다. 영국의 한 자산운용사에서는 평소에 두각을 나타내지 못했던 한 펀드매니저가 '대박'을 터뜨리자, 그 회사 CEO가 그를 불러 다음날부터 "매니저를 그만두라"라고 말했다고 한다. 그는 계속 '담대한 투자'를 할 가능성이 높고, 그렇게 되면 '쪽박'을 찰 가능성도 덩달아 커지기 때문이다.

"감투가 커도 귀가 짐작된다"라는 속담이 있다. 실제 능력보다 더 큰 감투를 쓰게 되면 어떤 형태로든 그 실체가 드러난다는 뜻. 대박은 꿈꿀 만하지만 실제로 이뤄지기란 쉽지 않고, 설령 그 꿈이 이루어진다 해도 큰 욕심을 내게 만드는 화근이 되기 십상이다.

홈런왕보다는 타격왕이 장수하는 비결을 투자자들도 되새겨봐야 한다.

27 박쥐―어둠 속에서 진주를 고르는 눈을 가져라

이른바 베어 마켓(약세장)에서는 호재가 사라지고, 악재가 꼬리에 꼬리를 물고 나타난다. '경기 논쟁'이 주가를 떨어뜨렸지만, 떨어지는 주가의 방향성이 오히려 투자심리를 꽁꽁 얼어붙게 한다. 같은 재료에 갖은 양념이 곁들여지면서 '최악의 음식'이 만들어지는 셈이다. 물론 아무도 숟가락을 잡으려 하지 않는다.

그렇지만 이럴 때 마냥 좌절하고 있을 수는 없다. 조각그림처럼 주가재료를 맞춰보면 그렇게 무서워할 일만도 아니다. 박쥐처럼 현 상황을 거꾸로 바라보는 지혜가 필요하다. 예컨대 "지금은 경기회복이 더뎌 부담이 되지만 6개월이나 1년 뒤를 바라보면 희망의 불빛이 보일 수 있다"라고 전망할 수 있다. "경기악화를 충분히 반영하고 있는 지금은 호재가 시작되는 국면"이라고 진단하는 시각도 존재한다. 유연한 자세를 통해 매사를 다각적으로 분석하는 지혜가 필요하다.

특히 '흙 속의 진주'를 '단체쇼핑'에서 고를 일은 아니다. 어둠 속에서도 눈이 밝은 박쥐를 닮도록 하자. 골이 깊어야 뫼가 높다는 얘기를 되새기는 것도 좋다.

28 자살 테러 – '대박'이라는 명분을 위해 초개와 같이 목숨을 던지는 개미들

거의 매일 외신을 타고 전해지는 팔레스타인 젊은이들의 자살 테러를 막는 방법은 없을까?

팔레스타인 민족에도 이스라엘과 똑같이 F16 전투기와 아파치 헬기, 레이저 유도미사일 등을 주면 된다. 이렇게 되면 최소한 몸을 불사르는 일은 줄어들 것이다. 자살 테러는 최후의 수단이다. 쭉 뻗은 신작로가 없기 때문에 가시밭길을 택하는 것이다.

"매일 쪽박을 찬다"라는 개미들도 어찌 보면 날마다 자살폭탄을 등에 메고 주식시장으로 달려들고 있는 모양새다. '대박'이라는 유일무이한 명분을 위해 초개와 같이 목숨을 던진다. 그러나 혼자 힘에 부칠 때는 첨단 무기와 지휘통제 시스템이 갖춰진 투자신탁회사를 이용하는 것도 한 방법이다. 주식투자는 민족애를 갖고 달려들 일이 아니기 때문이다.

비탈길에 서면 무게중심을 잡기 위해 한쪽 발에 힘을 실어야 한다. 어느 발에도 힘을 줄 수 없으면 미끄럼을 탈 수밖에 없다. 평상심을 잃지 않아야 평형감각을 유지할 수 있다. 평상심을 유지할 수 없으면 전문가들에게 맡기는 게 효과적이다.

평상심을 잃지 않아야 평형감각을 유지할 수 있다. 평상심을 유지할 수 없으면 전문가들에게 맡기는 게 효과적이다.

29 리스크 매매―냉철한 두뇌와 뜨거운 가슴을 가져라

큰 사건은 사람들을 좌충우돌하게 만든다. '9·11 테러'가 그 대표적인 경우다. 2001년 가을 미국의 심장부가 유린당하는 초유의 사태가 벌어졌다. 누구도 생각지 못했던 '대재앙'이었다. 곧바로 주식시장에서는 투매 현상이 나타났다. 금값과 유가도 치솟았다.

투자자들은 "다음엔 무슨 일이 벌어질까?"라며 불안감을 키웠다. 불안감의 한복판에는 테러의 참상보다는 미국이 취할 응징 수준의 규모와 시기 등이 자리잡고 있었다. 특히 경기침체에 발목을 잡힌 세계경제가 급기야 시력까지 잃어버릴지 모른다는 공포감이 공황심리를 연출하기도 했다.

그러나 결과를 놓고 볼 때 그리 과민반응할 일도 아니었다. 사람들은 음습한 현실을 두려워하지만 이를 헤쳐나갈 수 없을

리스크를 사고 파는 게 주식투자이기 때문에 오를 때나 내릴 때나 항상 대응하기가 어렵다. 그렇다고 자꾸만 조바심을 치면 피만 더워진다. '냉철한 두뇌와 뜨거운 가슴'을 가져라.

때 더욱 좌절한다. 역사를 살펴보면 재앙 뒤에 곧바로 재건의 움직임이 시작된다. 끝은 시작의 다른 말이다.

리스크를 사고 파는 게 주식투자이기 때문에 오를 때나 내릴 때나 항상 대응하기가 어렵다. 그렇다고 자꾸만 조바심을 치면 피만 더워진다. '냉철한 두뇌와 뜨거운 가슴'을 가질 것을 당부한 마셜(Marshall)의 충고를 잊지 않은 투자자들은 '9·11 테러'의 반사이익을 누렸을 법하다.

30 바퀴벌레 — 부실회계는 증시의 기반을 무너뜨리는 '내부의 적'이다

최근 2년 사이 미국에서는 에너지 재벌 엔론을 비롯해 아델피아 커뮤니케이션(Adelphia Communication), 글로벌 크로싱(Global Crossing), K마트(K Mart) 등 한때 명성을 날리던 유명기업이 줄줄이 도산했다. 도산의 직접적인 도화선은 바로 부실회계 때문이다. 회계는 '기업의 언어'다. 부실회계는 기업이 이해당사자에게 거짓말을 하는 것이나 마찬가지다. 부실회계는 '신뢰성'을 추락시켜 경제를 갉아먹는다.

엔론에서 불거진 회계 파문은 결국 지구를 한 바퀴 돌아 세계 각국에서 제2, 제3의 엔론 사태를 낳았다. SK글로벌 부실회계 사건은 한국판 엔론 사건이랄 수 있다.

장마 때는 바퀴벌레가 기승을 부린다. 보이는 건 한 마리지만, 그 뒤에 숨어 있는 게 훨씬 더 많다. 부실회계는 증시의 기

반을 무너뜨리는 '내부의 적'이다. 《손자병법(孫子兵法)》에 나
오는 '원교근공(遠交近攻)'은 먼 곳에 있는 적(敵)과는 친교를
맺고 가까운 적을 공격하라는 뜻이다. 그렇지만 때론 가까이
있어 의심하지 않을 때 바로 그 적이 비수를 들이댈 수 있다는
의미가 되기도 한다.

부실회계는 '신뢰성'
을 추락시켜 경제를
갉아먹는다.

　현재 우리나라 주식시장의 적은 온통 밖에 있는 것처럼 말
한다. 그렇지만 바퀴벌레 같은 부실회계와 내부자거래, 시세
조종, 꼬리가 몸통을 흔드는 기형적인 구조 등 내부의 적도 만
만치 않다. 바퀴벌레는 생존력과 번식력이 뛰어나 철저히 박
멸하지 않으면 또다시 생겨날 수 있다.

31 물류−자금의 흐름이 정체되면 눈치보기 장세가 시작된다

바야흐로 세계 각국은 자국의 간판 도시를 물류 허브(HUB)로
개발 중이다. 우리나라에서는 인천 국제공항을 아시아의 관문
공항으로 키우겠다는 야심찬 계획을 추진하고 있다. 중국도
상하이(上海) 푸동(浦東) 지구를 국제적인 물류단지로 조성 중이
다. 작지만 강한 나라인 싱가포르가 발전할 수 있었던 데는 세
계 각국에 '물류기지'라는 인식을 강하게 심어줬기 때문이다.
그래서 작지만 강한 나라인 '강소국(强小國)'이 될 수 있었다.

　그러나 아무 도시(국가)나 물류 허브가 될 수는 없다. 진정한
물류 선진국은 물건 · 사람 · 서비스 모두가 물 흐르는 것처럼

자금의 정체는 투기로 이어지면서 악화(惡貨)를 형성한다. 이 때 주식시장에서는 극단적인 눈치보기 장세가 펼쳐진다.

유연하게 흘러야 한다. 이 때 비로소 '국제도시' 라는 간판을 올릴 수 있다.

2003년 봄 우리나라에서는 화물연대의 파업으로 국가의 물류가 마비상태에 빠진 적이 있다. 2002년에는 미국 서부 29개 항만에서 장기파업이 일어나서 큰 불편을 겪었다. 원자재가 제때 공급되지 않아 생산에 차질을 빚고, 덩달아 납기를 맞추지 못하는 악순환이 나타났다. 이들 사건은 물류가 얼마나 중요한지를 일깨워줬다.

혈관이 좁아지는 동맥경화, 좁은 혈관으로 피가 빠르게 이동하는 고혈압, 피에서 당분이 분해되지 못하는 당뇨병 등은 순환계 질환이다. 물류가 막힌다는 것은 대동맥이 심혈관계(순환계) 질환에 빠진 것으로 볼 수 있다.

자금시장에서도 혈액(자금)은 충분히 공급되는 데도 제대로 돌지 않는 저혈압 상태가 나타나는 경우가 있다. 화폐 유통속도가 떨어지면서 자금이 부동화되는 탓이다. 피는 정체되면 독이 된다. 자금의 정체는 투기로 이어지면서 악화(惡貨)를 형성한다. 이 때 주식시장에서는 극단적인 눈치보기 장세가 펼쳐진다.

32 사계—현재 주식시장은 봄일까, 여름일까?

나침반이나 등대가 없이 망망대해를 항해할 수 있을까? 물론 곤란할 것이다. 그저 제자리를 맴돌거나, 어디를 향해 가는 줄도 모르고 항해하기 십상이다. 나침반이 발명되기 전에는 별을 길라잡이 삼아 항해를 했다고 한다. 주식투자도 목표와 방향이 없으면 길을 잃기 쉽다.

이 점에서 주식시장에도 계절이 있고, 절기가 바뀌는 것을 잘 감지하는 것이 중요하다는 분석은 설득력이 있다. 일본의 투자전략가인 우라가미 구미오(浦上邦雄)는 《주식시장 흐름 읽는 법》이란 책에서 증시도 경기 주기에 따라 4개 국면을 반복한다고 강조한다. 이른바 '주식시장 사계(四季)론'이다.

주식시장 사계론을 토대로 현재 국면을 분석하고, 그에 따라 자신의 투자보따리를 꾸려보는 것도 흥미 있는 일이 될 것이다.

저금리와 그에 따른 시중의 부동자금에 의해 주가가 오르는 금융장세는 봄이고, 경기 회복기에 나타나는 실적장세는 여름이다. 또 경기과열 단계에서 긴축정책의 결과로 나타나는 역금융장세는 가을, 긴축 여파로 경기가 수축되고 기업 실적이 악화되는 역(逆) 실적장세는 겨울로 각각 표현하고 있다. 금융장세에서는 금융주, 실적장세에서는 기초소재주가 집중 조명을 받는다.

주식시장 사계론을 토대로 현재 국면을 분석하고, 그에 따라 자신의 투자보따리를 꾸려보는 것도 흥미 있는 일이 될 것이다.

---

33 외국인 투자자 따라잡기―언제 무엇을 사고 파는가?

전세계 시장이 실질적으로 통합되어감에 따라 해외 증시의 영향력은 갈수록 커지고 있다. 이러한 해외시장과의 접점에 외국인 투자자들이 있다. 외국인은 2003년 5월 말 현재 거래소 시장 주식의 34.5%, 코스닥 시장은 9.7%를 보유하고 있다. 따라서 외국인투자자의 행동분석은 실질적으로 주식시장에 접근하는 제1의 요소가 되고 있다.

첫번째 체크포인트는 주식형으로 자금이 들어오는지, 아니면 채권형으로 자금이 들어오는지를 파악하는 것이다. 자금이 주식으로 들어올 때는 경기 호전이 예상되면서 주식투자 분위기가 전세계적으로 확산되는 국면이기 때문에 주식투자 여부를 결정할 때 반드시 고려해야 한다.

두번째 체크포인트는 외국인 투자자의 매매행태다. 외국인 투자자는 매매시 뚜렷한 일관성을 보인다. 한번 매도하면 주가가 충분히 하락할 때까지 지속적으로 매도하고, 그 반대의 경우에도 비슷한 흐름을 보이는 것이다. 그 결과 외국인 투자자의 매매 방향이 전환되는 시점에서 외국인 투자자와 투자의 방향을 일치시키는 것이 성공 확률을 높이는 길이다.

외국인 투자자가 선호하는 종목군은 역시 펀더멘털에 비해 주가가 저평가된 종목이다. 또 유동성이 풍부한 대형주가 주류를 이루는데, 이는 대규모 펀드일수록 매매의 용이성을 고려하기 때문이다. 또 한 가지는 외국인 투자자의 매매비중이다. 순매수인지, 순매도인지보다 비중이 중요하다. 우리나라 시장의 35%를 점유하고 있는 대주주인 외국인 투자자의 매매를 따라잡지 않고서는 진정한 투자자라고 할 수 없다.

34 | 야간비행-수많은 불확실성을 극복해야 승자가 된다

아프가니스탄에 대한 미국의 야간공습을 보면 생텍쥐페리 (Saint-Exupery)의 《야간비행(Vol de Nuit)》이 떠오른다. 그가 표현하는 야간비행은 한 마디로 '곡예'다. 야간비행은 고사하고 주간비행도 실제로는 어렵다. 대서양을 처음으로 단독 비행한 린드버그(Lindbergh)는 이 같은 불확실성을 극복해내면서 시대의 영웅이 되었다. 예지력과 끈기, 승부근성이 만들어낸 작품이다.

IT 분야 주식투자의 핵심은 끊임없는 관심과 연구, 그리고 노력이다. 수많은 불확실성을 극복해야 승자가 될 수 있다.

IT 분야의 주식투자가 바로 '야간비행'과 같다. 주가를 평가할 적절한 잣대가 없다. 먼저 IT 기업은 사업이 불안정하다. 수익모델 검증도 쉽지 않다. '시간 리스크'도 계량화하기 어렵다. 진입장벽이 거의 없는 무한 경쟁시장이라는 점도 부담이다.

대부분의 IT 기업은 초기에 급성장한 뒤 후발 진입자와의 경쟁에서 도태하는 경우가 많다. 인터넷 업종이 대표적인 사례다. 창조적이면서 응용력이 높은 기술을 보유했는지를 판별하는 것도 쉽지 않다. 따라서 투자기간을 짧게 가져가야 한다. 비행 스케줄에 맞춰 움직여야 하는 셈이다.

IT 분야 주식투자의 핵심은 끊임없는 관심과 연구, 그리고 노력이다. 수많은 불확실성을 극복해야 승자가 될 수 있다. 현재 상장·등록기업의 3분의 2정도가 IT 분야와 관련이 높은 벤처기업이다. 린드버그의 끈기와 인내를 생각해야 할 때가 아닌가 싶다.

내일은 내일의 태양이 뜬다. 참 멋있는 말이다. 그게 바로 주식시장이 존재하는 이유이기

도 하다. 기업의 미래 성장가치에 대해 투자하는 게 주식투자. 내일을 꿈꾸지 않는 자는

주식투자로 돈을 벌 수 없다. 상상력을 키우기 위해서는 세상 일에 대해 끊임없이 궁금증

을 가지면 된다. "경제가 더 나빠지면 무슨 일이 벌어질까?" "노인인구가 늘어나는 5년

후에는 실버산업이 진짜 뜰까?" "주5일제 근무의 수혜기업은 어디지?" 매일매일 상상을

해야 한다.

4*

상상력이 곧 생산력이다

투자전략 세우는 법

01 잔꾀—김장김치 담그듯 장기 보유하는 게 나을 수 있다

주식을 고르는 방법에는 크게 두 가지가 있다. 첫번째는 장밋빛 미래가 보이는데도 아직 시장에서 제대로 대접을 받지 못하는 '진흙 속의 진주'를 찾아 장롱 속에 묻어두는 것이다. 즉 '바이 앤드 홀드(buy and hold)' 전략이다.

두번째는 적당한 재료로 시세가 움직일 때 올라타는 것이다. 이는 데이 트레이더를 비롯한 우리나라의 많은 개인투자자들이 취하는 투자기법이다.

재미있는 점은 증권사에서 종목을 담당하는 애널리스트보다 시황을 담당하는 스트레지스트의 영향력이 더 크다는 사실이다. 상장사는 대부분 '경기 민감주'로 주가가 파도타기를 하는 경우가 허다하기 때문에 시황흐름에 일희일비하고 있다. 거액자금을 굴리는 펀드매니저도 종목 선정보다는 매매

작은 이익을 챙기려다 큰 것을 놓치는 우(愚)를 자주 범한다.

타이밍을 잡는 일에 매달리기 일쑤다.

한국인 가족이 미국 뉴욕의 한 공연장을 찾았을 때 생긴 일. 입장료가 너무 비싸다고 느낀 아버지는 아홉 살 난 아들에게 "여섯 살이라고 말하라"라고 시켰다. 시큰둥해진 아들이 매표소에 손가락 여섯 개를 내밀었다. 그런데 웬걸. "6세 이하는 입장할 수 없습니다"라는 대답이 창구에서 들려왔다. 그들은 잠자코 집으로 돌아올 수밖에 없었다.

일상에서도 작은 이익을 챙기려다 큰 것을 놓치는 우(憂)를 자주 범한다. 하느님도 모른다는 주가를 쪽집게처럼 맞추려는 노력보다는 실적주를 골라 김장김치 담그듯 장기 보유하는 게 나을 수 있다. 한 전직대통령이 즐겨 썼다는 '대도무문(大道無門)'을 금과옥조로 삼는 게 좋다. 잔꾀에 스스로 넘어갈 수도 있다.

02 패닉─스스로 '작전타임'을 불러야 할 때

특정 대상이나 현상에 대해 우발적으로 집단 대응할 때 이를 패닉(Panic) 상태라고 부른다. 중대한 위협을 피하기 위해 반사적으로 일어나는 일종의 도주현상인 셈이다. 시위나 폭동은 구심점이 있고 공격적인 경향을 보이지만, 패닉은 구심점이 없어 흩어지는 경향을 나타낸다. 도망칠 때 무리가 함께 움직이는 것보다 흩어지는 게 해를 덜 입는다는 경험 때문이다.

패닉은 주로 여객선의 침몰, 경제공황처럼 수습하기 어려운 대혼란이 일어났을 때 나타난다. 그러나 최근에는 대중매체의 영향으로 개인이 어떤 사건에 직접 노출되지 않고도 패닉 현상이 나타나는 경우가 있다. 이럴 때는 스스로 '작전 타임'을 불러볼 필요가 있다. 한 걸음 물러나서 보면 종종 큰 그림이 눈에 잘 들어오는 수가 있다.

스스로 작전 타임을 부를 수 있는 사람만이 패닉이 수습됐을 때 반사이익을 챙길 수 있다.

주식투자는 흔히 스포츠와 비교된다. 리듬과 흐름을 잘 타는 쪽이 승자가 된다. 농구와 배구경기에서는 적절한 때 작전 타임을 부르는 감독을 명장이라고 부르기도 한다. 작전 타임은 상대편의 리듬을 끊어 김을 빼거나 부진한 선수를 격려하기 위한 방편으로도 곧잘 쓰인다.

야구경기에서도 투수와 타자가 서로 리듬을 빼앗으려고 기싸움을 벌이게 마련이다. 스스로 작전 타임을 부를 수 있는 사람만이 패닉이 수습됐을 때 반사이익을 챙길 수 있다.

03 꽃이 먼저 핀다―시세가 먼저 나고 재료가 뒤따르는 경우

봄꽃이 만발한 들과 산에 행락객이 넘쳐난다. 벚꽃과 진달래 등이 장관을 이루고 있다. 꼼꼼한 관찰자는 가장 먼저 봄소식을 전해준 개나리, 목련, 매화나무 등이 벌써부터 꽃을 접고 푸른 옷으로 갈아입는 모습을 볼 수 있다. 이들 봄꽃은 푸른 옷으로 갈아입기 전에 꽃망울을 먼저 터뜨린다.

주식시장의 기류가 바뀔 때도 예기치 않은 상황이 벌어지기

아무런 신호도 보내지 않은 채 시장 환경이 바뀌는 경우가 있다.

십상이다. 주가상승의 동력은 크게 세 곳에서 나온다. 첫번째는 기업이익의 증가. 두번째는 이익이 크게 늘어나면서 나타나는 주가수익비율(PER) 등 프리미엄의 상승. 세번째는 펀더멘털과 상관없이 시장심리 때문에 왜곡됐던 주가가 제자리를 찾아가는 힘이다.

이 같은 지표들은 눈으로 확인할 수 있다. 그러나 아무런 신호도 보내지 않은 채 시장 환경이 바뀌는 경우가 있다. 시세가 먼저 나고 재료가 뒤따르는 경우도 적지 않다. 이 같은 현상을 딱히 설명할 길은 없다. 그저 꽃이 먼저 피고 그 뒤에 세상이 초록으로 물드는 자연의 이치와 같다.

04 상상력─상상력이 없는 사람은 주식투자로 큰돈을 벌 수 없다

세 명의 벽돌공이 부지런히 벽돌을 쌓고 있었다. 이들에게 어떤 사람이 "무엇을 하고 있습니까?"라고 물었다. 첫번째 벽돌공은 "벽돌을 쌓고 있어요"라고 말했다. 두번째 벽돌공은 "시간당 9달러 30센트짜리 일을 하고 있소"라고 대답했다. 세번째 벽돌공의 답은 달랐다. "지금 세계 최대의 성당을 짓고 있지요."

프랑스의 구조주의 철학자 가스통 바슐라르(Gaston Baschlard)는 상상력을 한 사회의 '정신적 생산력'이라고 규정했다. 상상력이 말라가는 상황에서는 생산력을 늘릴 수 없다. 또 상상력은 위기의 반대편을 비추는 거울이 되기도 한다. 상상력이 곧 위기 대처능력이고, 현실 돌파력이다. '지구력'이 차지하던 선(善)의 자리에 상상력이 올라와 있다.

평강공주가 바보 온달에게 말했다. "당신은 바보가 아닙니다. 위대한 장군이 될 수가 있습니다." 평강공주가 열어놓은 이 가능성이 마침내 온달의 잠재의식에 뿌리를 내리기 시작했다. 훗날 그는 위대한 장군이 됐다. 평강공주의 암시가 없었다면 그는 평생 바보로 지냈을지도 모른다.

상상력이 없는 사람은 주식투자로 큰돈을 벌 수 없다. 모름지기 주식투자는 "미래가치에 대해 배팅하는 것"이기 때문이다. 매일매일 상상해야 한다. "경제가 더 나빠지면 무슨 일이 벌어지지?" "노인인구가 늘어나면 누가 이득을 보지?" "주5일 근무제의 진짜 수혜주는 누구지?"

05 대나무─상승세를 멈춘 주가가 재상승에 나서려면 바닥 다지기가 필요하다

옛부터 대나무는 지조의 상징이었다. 비바람이 치고 폭풍이 불어도 쓰러지거나 꺾이지 않는다. 대나무가 비바람에도 잘 버티는 비결은 뭘까? 그건 모양새 사납게 튀어나와 있는 마디 때문이다. 일정한 간격을 두고 형성된 마디가 대나무를 꼿꼿

하게 지탱해준다. 재미있는 것은 마디를 형성하는 기간에는 대나무가 잠시 성장을 멈춘다는 사실이다.

성장이 멈췄을 때 주위에서 받는 놀림은 두려움으로 다가올 것이다. 그러나 때론 잠시 멈춰서 온 길을 되돌아보는 게 도움이 된다. 상승세를 잠시 멈춘 주가가 재상승에 나서려면 바닥 다지기가 필요하다. 뒤로 밀린다고 겁먹을 일이 아니다. 잠시 멈춰 쉬는 시간에 시장과 투자자의 마음에도 마디가 생긴다. 비 온 뒤에 땅이 더 굳어지는 이치와 같다.

도스토예프스키(Dostoevskii)를 위대하게 만든 것은 간질병과 사형수의 고통이었다.

생텍쥐페리를 위대하게 만든 것도 그를 일생동안 대기발령자로 살아가게 한 평가절하의 고통이었다. 베토벤(Beethoven)을 위대하게 만든 것도 여인들과의 끊임없는 실연과 청신경 마비라는 음악가 최대의 고통이었다. 고통은 불행이나 불운이 결코 아니라 행복으로 가는 길일 수 있다.

06 길 – 온갖 호재가 있어도 귀담아듣는 사람이 없다면 소용이 없다

"길이 아니면 가지를 말라"라는 증시 격언이 있지만, 길이 아닌 황무지를 찾아나서는 게 선구자다.

주식투자의 선구자는 길이 아닌 황무지를 찾아나선다.

군인 출신으로서 미국의 34대 대통령을 지낸 아이젠하워(Eisenhower)는 한때 명문 컬럼비아 대학의 총장을 역임했다.

그 때 남긴 에피소드 한 가지. 1948년 그는 이 대학 총장에 취임한 뒤 여러 채의 건물을 짓고 주변에 잔디를 심었다. 그러나 길은 내지 않았다. 오래지 않아 잔디 위로 이 건물에서 저 건물로 통하는 여러 갈래의 길이 나는 게 아닌가. 그제서야 비로소 그는 그 길을 '길'로 정하고 포장공사를 지시했다는 것. 사람의 생각이 어떤 시행착오를 거쳐 한 방향으로 모아지는지를 스스로 느껴보라는 뜻일 게다. 대중이 이용하지 않는 건 길이 될 수 없다는 가르침이다.

주식시장도 비슷하다. 온갖 호재를 뿌려놓아도 그것을 밟는 사람이 없으면 소용없다. 때로는 정부관계자가, 또는 애널리스트가 오르막길을 내고 편안하게 이용하라고 독려하지만, 그것을 이용하는 투자자가 많지 않으면 소용이 없다.

07 스팸메일 – 수많은 정보 가운데 '쓰레기'를 걸러내는 인내

"대학 들어가기 위해 청년시절을 다 희생하지만 정작 대학 가서는 공부와는 담을 쌓고 지낸다.""갖은 고생을 다해 고대광실 같은 집을 마련한 후에는 막상 그 곳에서 생활하지 않는다.""큰 집을 얻는 데 일등공신인 가장에게 집이란 하룻밤 묵고 가는 여관쯤으로 여겨진다."

한 외국인의 눈에 비친 한국인의 모습은 꽤나 일그러져 있다. 그들의 눈에 비친 한국인은 목표와 수단을 자주 혼동하는

정보의 홍수 속에서 빛나는 정보를 길어올려라.

모양이다. 정치권에서 벌어지는 이 전투구를 들여다보면 선정(善政)을 위해 집권하려는 것인지, 집권 자체가 목표인지 잘 가늠할 수 없을 때가 많다. '스팸메일'을 지우는 걸로 하루일과를 시작하는 샐러리맨의 사정도 마찬가지다. 사이버 공간에 쓰레기처럼 쌓여 있는 정보를 매일매일 걸러내는 게 일상사가 되었다. 오는 e-메일을 막을 도리는 없다. 바이러스에 걸린 e-메일은 열어보면 절대로 안 되지만, 확인작업이 짜증난다고 무작정 지워버릴 수도 없는 노릇이다. 스팸메일 속에 알짜배기 정보가 함께 묻혀 있을 수 있기 때문이다.

지금 주식투자자에게 필요한 건 수많은 정보 가운데 '쓰레기'를 걸러내는 인내다. 잿밥에만 관심 있는 몇몇 코스닥기업의 대주주를 골라내는 것도 마찬가지 일이다.

08 물값-수요를 잘 파악하고 있어야 값을 제대로 받을 수 있다

주식시장에는 아군과 적군이 따로 없지만, 수급이 뒷받침되지 않으면 대등한 싸움을 할 수 없다.

한 이스라엘 상인이 총격전이 한창 벌어지고 있는 전선에서 물을 팔고 있었다. 두 개의 물항아리를 짊어진 그는 물 한 잔에 15전을 받고 팔았다. 그 때 적의 총알이 한 개의 물항아리를 관통, 물이 새기 시작했다. 상인은 재빨리 외쳐댔다. "물 한

잔에 30전이요!" 탈무드에 나오는 얘기다.

쌀 때 사서 비쌀 때 파는 것은 모든 거래의 기본이다. 특히 일시적인 가수요가 뜻밖의 대박을 터뜨릴 수도 있다. 그러나 주식시장에서는 이와는 정반대 현상이 벌어진다. 개인투자자들은 주가가 내리면 바닥권에서 팔고, 상투권에서는 매수하는 행태를 반복해왔다. 이는 △지나친 욕심 △소신 부족 △사소한 파동에 일희일비해왔던 탓이다. 수요를 잘 파악하고 있어야 값을 제대로 받을 수 있다.

"아군의 숫자가 적군의 10배라면 포위공격할 것이고, 5배라면 정면공격할 것이다. 두 배라면 적을 분산시킨 뒤 칠 것이며 병졸의 수가 대등하면 계책을 써서 싸울 터다. 병력이 적다면 물러나는 게 최상이다." 《손자병법》에 나오는 공격법이다.

주식시장에는 아군과 적군이 따로 없지만 수급이 뒷받침되지 않으면 대등한 싸움을 할 수 없다.

---

09 | 채식 열풍, 금연 열풍―소문만 요란한 '작전주' 매매는 이제 그만!

채식 열풍이 불고 있다. 처음엔 과도한 육식을 줄여 건강을 지키자는 데서 출발했지만 어느 순간 열풍으로 번지고 있다. 그 바람에 낙농업자들이 때아닌 날벼락을 맞고 있다고 한다. 전문가들은 채식만 고집하면 건강을 해칠 수 있다고 조언하지만, 소비자들의 반응은 시큰둥하다. 임산부나 술·담배를 많

나쁜 투자습관을 버리면 종목을 고를 수 있는 '새로운 눈'을 선물로 얻을 수 있다.

이 하는 사람들은 단백질 보충이 필수적인데, 채식만으로는 이를 충당할 수 없기 때문에 여러 종류의 식품을 균형 있게 섭취하는 게 최상의 건강법이라고 한다. 한쪽으로 쏠리면 몸에 안 좋다는 게 결론.

채식 열풍 한쪽에서는 금연 열풍이 거세다. 금연전선의 가장 큰 적은 금단현상이다. 담배를 끊음으로써 나타나는 초조·불안 등이 엄청난 스트레스를 준다. '끽연파' 동료들로 인한 간접흡연도 넘어야 할 산이다. 이 같은 고비를 넘으면 건강이란 선물을 얻을 수 있다.

개인투자자들에게 소문만 요란한 '작전주' 매매를 그만두라는 조언은 마치 담배를 끊으라는 것과 같이 쉽게 따를 수 없는 이야기일지도 모른다. 나쁜 투자습관을 벗어버리면 종목을 고르는 눈이 새로워지는데도 말이다.

10 개구리 이론―역발상이 기본을 튼튼하게 한다

한 과학자가 개구리를 대상으로 재미있는 실험을 했다. 물이 채워진 솥에 개구리를 넣은 후 천천히 가열을 해봤더니, 개구리는 온도 변화를 감지하지 못하고 솥에서 그대로 삶아지고 말았다. 반면에 뜨겁게 데워진 물 속에 개구리를 집어넣자, 순

식간에 뛰어나왔다는 것. 체감온도에 따라 개구리가 다른 행동을 보인다는 것이 실험결과다.

이 같은 실험은 비단 개구리에 국한되지는 않는다. 잔매에 무던하고 작은 충격에 우왕좌왕하는 것은 개인투자자의 변치 않는 투자기질이다. 이처럼 개인투자자들이 체감온도에 지나치게 민감한 것은 '좋은 회사=좋은 주식'이란 등식이 성립하지 않기 때문이다. 인기주의 수명도 길지 않다. 이유는 많지만 근본적으로는 경기침체가 오랫동안 증시의 발목을 잡은 탓이다.

그럼에도 불구하고 고수들은 '좋은 회사'를 찾아나설 것을 충고하고 있다. "'천수답 증시' 운운하면서 좋은 쌀만을 고집하는 게 무슨 소용입니까? 못자리에 뿌릴 볍씨를 잘 골라야지요." 때론 역발상(逆發想)이 기본을 튼튼하게 한다.

11 | 산타 랠리−황무지에도 봄은 어김없이 찾아온다

해마다 12월이면 산타클로스를 기다리는 동심(童心)이 일상에 지친 어른들의 마음을 훈훈하게 해준다. 몇 년 전 호주에서 "산타클로스는 꾸며낸 이야기며 실제로는 존재하지 않는다"라고 가르친 교사가 학부모의 거센 항의를 받고 해직됐다. 산타클로스는 세상에서 가장 아름다운 '이상(理想)'이기에 볼 수도, 만질 수도 없기 때문이다.

기업의 미래 수익가치라는 꿈을 먹고사는 주식투자자의 마

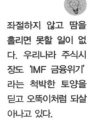

음도 동심과 닮은 면이 있다. 지난 2000년 대형 산불이 나는 바람에 황무지로 돌변했던 강원도 고성 땅에도 어김없이 봄은 찾아온다. 시커멓게 타버린 소나무에 새순이 돋아나고, 밑동만 남은 나무 주변에 예쁜 진달래가 피어난다. 물론 화상이 너무 깊어 예전의 모습을 되찾으려면 적어도 수십 년이 걸릴 것이다. 그렇지만 '죽은 땅'으로 치부되던 황무지에도 봄은 어김없이 찾아온다는 점이 경이로울 따름이다. 크리스마스 때가 되면 어김없이 찾아오는 산타클로스와 다를 게 없다. 자연의 복원력이 가져다준 소중한 선물이다.

좌절하지 않고 땀을 흘리면 못할 일이 없다. 우리나라 주식시장도 'IMF 금융위기'라는 척박한 토양을 딛고 오뚝이처럼 되살아나고 있다. 좋은 나무(사업 아이템)를 심어 정성껏 돌봤더니(이익경영) 오늘의 결과가 나타나고 있는 것이다. 동심은 '원대한 희망'의 다른 말이다.

12 거북선－주식시장에서도 끊임없이 연구하는 게 유일한 생존수단이다

오늘 아무 생각 없이 흘려보낸 하루는 어제 우리가 그토록 보고 싶어했던 내일이다. 원하든 원하지 않든 흔적은 남고, 내키지 않아도 모든 게 어느 틈엔가 모습을 바꾼다. 이처럼 하루하루가 소중하지만 그걸 항상 느끼며 살아가는 사람들은 많지 않다. 오히려 실체 없는 내일을 엿보기 위해 발뒤꿈치를 세우는 사람이 많다.

주식투자는 본디 '미래'를 사는 것. 그렇지만 오늘을 아무 생각 없이 흘려보내면 미래를 손에 잡을 수 없는 이치는 세상사와 마찬가지다.

아프가니스탄과 이라크 전쟁에서 토마호크 등 첨단 무기가 맹위를 떨쳤다. 임진왜란 때 해전 승리의 주역이었던 거북선도 당시로서는 가공할 신무기였다. 하지만 거북선의 탄생배경에 대해 아는 사람이 얼마나 될까?

당시 일본 해군은 긴 갈고리로 조선의 배를 자신의 배에다 바짝 붙인 뒤 조선 전함에 올라타는 전법을 썼다. 이 같은 일본의 전법을 간파한 이순신 장군은 왜군이 배에 오르지 못하도록 배의 겉을 쇠로 씌우고, 숨어서 포를 쏘기 위해 선수(船首)에 용의 아가리를 만들었다. '칼의 힘'을 '생각의 힘'으로 막아내고자 한 것이다. 주식시장에서도 끊임없이 연구하는 게 유일한 생존수단이다.

오늘을 아무 생각 없이 흘려보내면 미래를 손에 잡을 수 없다. 주식시장에서도 끊임없이 연구하는 게 유일한 생존수단이다.

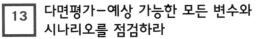

13 다면평가—예상 가능한 모든 변수와 시나리오를 점검하라

참여정부의 인사정책의 특징은 '다면평가 인사론'이다. 다면평가제는 근무평가를 할 때 상사와 부하, 동료와 외부사람들의 평가자료를 모아 종합평점을 매기는 제도다. 특정 부서에서 만들어내는 인사자료에만 의존하지는 않겠다는 뜻이다.

주식투자자들에게는 시장에 대한 다면적인 접근 방식이 필요하다.

실제로 주요 장·차관이나 1급 이상 고위공직자 인사에서 이 같은 다면평가제도가 도입됐다. 이 인사제도의 공과는 추후에 평가받겠지만, 편견을 배제하고 균형 잡힌 평가를 할 수 있는 것은 분명 장점이다.

주식을 분석하는 것도 다면평가방식의 일종이다. 예상 가능한 모든 변수와 시나리오를 점검한 뒤 '사자'와 '팔자'를 결정한다. 예컨대 '북한 핵'이라는 강력한 변수가 시장을 압박했지만, '저평가'라는 긍정적 요소가 시장을 살려내는 식이다. 어떤 면에서는 '정·반·합' 이론과 일맥상통한다. 여러 가지 요소를 골고루 고려해 최선의 대안을 찾아낸다는 점에서다.

주식투자자들에게는 시장에 대한 다면적 접근 방식이 필요하다. 미국 증시, 유가, 환율, 해당 종목의 업황 등을 꼼꼼이 평가해야 한다. 어느 것 하나 소홀히 할 게 없는데다 각각을 어우르는 능력을 배양해야 한다. 거저 먹을 수 있는 것은 많지 않다.

14 고장난 시계─시장의 공은 항상 '기다리는 자'가 쥐고 있다

"일출봉에 해 뜨거든 날 불러주오. 월출봉에 달 뜨거든 날 불러 주오. 기다려도, 기다려도 임 오지 않고…." 간절할수록 더 애틋한 법. 그것은 임을 기다릴 때만 국한되는 게 아니다. 간절할수록 눈이 흐려지고, 가까운 곳보다는 멀리서 볼 때 실체가 더 뚜렷해지는 게 주식투자다.

투자자의 최대 관심사 중 하나는 '주가의 바닥'일 것이다. 그걸 '해와 달'이 알려주지는 않는다. 투매의 아우성 속에서 그 신호를 읽어내야 한다. '부동자금'이란 꼬리표를 달고 있는 수백조 원의 자금이 눈도 깜박거리지 않

은 채 세상이 바뀌기를 학수고대하고 있다. 그들은 주가가 더 떨어져도, 바닥을 찍고, 반등세를 타도 내심 쾌재를 부를 것이다.

시장의 공은 항상 '기다리는 자'가 틀어쥐고 있다. 기다리는 방법 중 하나가 '고장난 시계' 투자법이다. 특히 시계(視界) 제로의 투자환경에서 써먹음직하다. 고장난 시계도 하루에 두 번은 맞는다. 매번 주가를 맞추려고 발버둥치기보다는 자기가 생각했던 가격에 도달할 때까지 기다리는 것. 가치 있는 주식은 언젠가 목표치에 이르게 마련이다.

> 고장난 시계도 하루에 두 번은 맞는다. 매번 주가를 맞추려고 발버둥치기보다는 자기가 생각했던 가격에 도달할 때까지 기다리는 것. 가치 있는 주식은 언젠가 목표치에 이르게 마련이다.

15 분수−감당 가능한 규모의 돈을 운용하는 게 중요하다

작은 배에 너무 큰 돛을 달면 결국 뒤집히고 만다. 작은 상에 너무 많은 음식을 올려놓아도 같은 결과가 나타난다. 세상 이치도 마찬가지다. 따라서 자신이 감당하기 어려운 재물이 때

로는 복(福)보다는 화(禍)를 불러올 수 있다는 얘기도 있다.

주식투자에서도 적은 종자돈으로 크게 '배팅' 하는 방법이 있다. 미수를 활용하면 된다. 지렛대를 이용하면 작은 힘으로 큰 물건을 옮길 수 있는 이치와 같다. 호황 때는 증권사들이 앞다퉈 위탁증거금률을 인하한다. 상호저축은행도 앞다퉈 주식담보대출의 한도를 높인다. 투자자 입장에서는 '레버리지 (leverage) 효과' 를 좀더 누릴 수 있는 여지가 생긴다. 그러나 레버리지의 역(逆)효과는 '깡통' 이다.

투자자 입장에서는 '레버리지(leverage) 효과' 를 좀더 누릴 수 있는 여지가 생긴다. 그러나 레버리지의 역효과는 '깡통' 이다.

지나치게 많은 욕심을 내는 것도 작은 배에 큰 돛을 다는 것과 다를 바 없다. 감당 가능한 규모의 돈을 운용하는 게 중요하다. 또 목표수익률과 손절매 원칙을 정하지 않으면 '마음의 병' 을 앓을 수밖에 없다. 몸에 맞는 옷이 편할 따름이다.

16 기다림의 지혜 — 주식투자도 타이밍이 중요하다

옛 선비들은 낚시를 '기다리는 예술' 이라고 했다. "시간을 낚는다"라고도 했다. 오죽했으면 낚시와 참선을 같은 반열에 올려놓았을까(釣禪一如). 그렇지만 기본적인 조건이 성숙되지 않은 상태에서 고기를 낚는 것은 허망한 일이다. 물때를 제대로 만나지 못하면 도로아미타불이 되기 십상이다. 연안 바다낚시의 경우 밀물이 들 때만 고기가 바늘을 문다. 썰물 때는 아무리 좋은 미끼로 유혹해봐야 소용이 없다.

통상 120일 이동평균선을 '경기선', 60일 이동평균선을 '수급선'이라고 부른다. 20일 선은 '투자 심리선'이란 별명을 달고 있다. 경기 후퇴기에는 수급의 힘으로 60일 선을 자주 상향 돌파하지만, 120일 선에서 자주 제동이 걸리는 모습을 목격할 수 있다. 잊지 말아야 할 것은 수급과 경기의

주름이 함께 펴질 때 상승세에 진입한다는 것이다. 그렇지 않을 경우에는 경기에 대한 판단을 유보한 채 종목별 수급과 재료에 안테나를 고정하는 것이 현명한 태도다. 경험상 이럴 때 코스닥시장이 은근히 뜨거워진다.

막연한 기대감을 키우기보다는 실물부문에서 새 살이 돋아나는지를 유심히 관찰해야 한다.

　주식투자도 타이밍이 중요하다. 추세를 잘 살펴야 낭패를 당하지 않는다. 막연한 기대감을 키우기보다는 실물부문에서 새 살이 돋아나는지를 유심히 관찰해야 한다. 경기는 서두른다고 살아나는 일이 아니다. 기다림의 지혜도 필요하다.

17 나비처럼 날아 벌처럼 쏜다─외국인 투자자의 행태를 읽어라

"나비처럼 날아 벌처럼 쏜다." 수다쟁이 프로복서 무하마드 알리(Muhammad Ali)가 남긴 말이다. 잔매를 맞지 않고 이리저리 피해 다니다가 결정적인 순간에 한방을 날려 승리를 거머

쥔다는 얘기다. 이 같은 전략으로 알리는 승승장구했다.

우리나라 주식시장을 주무르는 '큰손'인 외국인 투자자의
행태를 보면 알리의 멋들어진 말이 떠오른다. 경기가 신통치
않을 때 외국인 투자자는 링 위를 넓게 활용하면서 때를 기다
린다. 그러다가 경기 회복론이 모락모락 피어나면 벌떼처럼
블루칩을 쓸어담는다. 주가에 불이 붙으면 뒤늦게 추격매수에
나서는 우리나라 기관투자자들과는 사뭇 다르다. 우리나라 주
식시장에서 돈을 버는 건 외국인뿐이라는 자조가 나오는 게
이 때문인지도 모른다.

일찍이 키에르케고르(Kierkegaard)는 인생을 세 가지 시기로
구분했다. 첫번째는 '나비 시기.' 나비처럼 날아다니며 가능
성을 염두에 두고 살아가는 시기다. 두번째는 '개미 시기.' 부
지런히 일하는 기간이다. 마지막으로 '거미시기.' 공을 세우
고 거기에 붙어먹고 사는 시기다. 지금은 어떤 시기일까? 그
판단 후에 자신의 포트폴리오를 결정하는 게 좋다.

18 벌초─때론 버는 것보다 지키는 게 중요하다

우리나라에 살고 있는 외국인들이 놀라워하는 것 중 하나가
명절 때 구름처럼 몰려다니는 성묘 인파라고 한다. 벌초는 조
상의 무덤과 그 주위에 무성하게 자란 잡초를 손수 솎아내며
생전의 추억과 은덕을 떠올리는 일종의 '의식(儀式)'이다. 이

를 통해 자신의 처지를 점검할 수도 있다. 웃자란 부분과 잡풀을 베어내야 잔디가 더 싱싱해진다. 비만을 걷어내야 건강을 되찾을 수 있는 이치와 같다.

"사는 것은 기술이고 파는 것은 예술이다." 주식투자에서는 타이밍이 무엇보다 중요하다는 얘기다. 설령 매도 타이밍을 알아내고도 실제 매도를 결행하기가 쉽지 않다. 주가가 비틀거리면 타이밍을 고민하는 투자자가 늘어난다. 하루에도 수차례 매도를 결행하는 데이 트레이더가 즐비하지만 평범한 개인투자자가 매도 타이밍을 찾기란 쉽지 않다. 선수 중의 선수인 펀드매니저도 마찬가지다.

시간이 흐른 뒤에 '그랬구나' 하고 무릎을 치게 된다. 그렇지만 흔들리는 판단을 기계적인 장치를 통해 어느 정도 제어할 수 있는 길은 있다. 주가가 고점에서 일정 수준 내려가면 뒤돌아보지 말고 팔아치우는 전략이다. 때론 버는 것보다 지키는 게 중요하다. 벌초의 효과를 생각하면 된다.

"사는 것은 기술이고 파는 것은 예술이다." 주식투자에서는 타이밍이 무엇보다 중요하다는 얘기다.

19 저울질─주가는 느리지만 끊임없이 흐르는 강물과 같다

주식투자는 미래가 어떻게 될지를 놓고 주사위를 던지는 게임이다. 현재 상황이 좋을 때는 앞으로 더 좋아질지, 아니면 나빠질지를 예측하고 그것에 승부를 걸어야 한다. 반대의 경우에도 마찬가지다. 눈에 보이는 상황이 만만치 않은 불황기에 주식투자란 미래가 어떻게 될지를 놓고 주사위를 던지는 게임이다.

는 투자하기가 쉽지 않다.

그러나 고수들은 이럴 때 오히려 "보이는 게 전부가 아니다"라고 믿으며 희망과 기대를 거는 경우가 많다. 하기야 좀더 멀리 내다보면 희망과 여유를 주지 않는 게 거의 없다.

종종 우리 경제를 괴롭히는 '엔저(低)'만 해도 그렇다. 엔저 시대를 이겨내기 위해 허리띠를 졸라맨 만큼 뒷날 '보험금'으로 보답을 받을 수 있었던 것이 기업들의 경험이다. "기다리는 자에게 복이 온다"라고 말하지만, 멀리 보는 안목이 없으면 불가능하다.

주가는 느리지만 끊임없이 흐르는 강물과 같다. 따라서 '짧은 외도'에 일희일비할 필요가 없다. 행복지수는 욕망을 현실 여건으로 나눈 값이라는 가설이 있다. 욕망을 줄이든지 현실 여건을 풍족하게 만들어야 행복지수가 커진다.

어차피 투자자들은 '환득환실(患得患失)'의 고민에 빠져 있다. 물건을 얻기 전에는 그것을 얻으려고 걱정하고, 얻은 후에는 잃지 않으려고 걱정한다는 뜻이다.

20 마도로스 투자법 – '대박'은 우연의 산물이다

주식시장은 꿈을 먹고사는 동네다. 투자자 모두가 '대박의 꿈'을 꾼다. 꿈의 눈높이는 우선 지수에 맞춰져 있다. 그래서 '시장평균 수익률'과 투자자의 인내심은 서로 그 맥이 닿아 있다. 시장수익률에 만족하지 못하지만, 투자자의 수익률은 대부분 이를 밑도는 게 현실이다.

욕심이 매사를 망친다. 동양에서는 강세장을 상징하는 황소가 느리지만 묵묵히 갈 길을 가는 우직스러움의 대명사로 통한다.

직업이 '마도로스'인 고등학교 동창생의 주식투자 성공담이 지금도 귓가에 맴돈다. 그는 4년 전 한 코스닥기업에 2,000만 원을 투자, 10억 원을 벌었다고 했다. 무려 50배를 불린 것. '마도로스와 주식투자.' 모두가 고개를 갸우뚱했으나 그의 성공 스토리는 너무나 간단했다.

"한번 물건을 가득 실은 화물선을 타고 나가면 약 1년가량 국외에서 생활을 하게 되거든. 친지의 소개로 투자에 나선 뒤 1년 만에 집에 돌아와 보니 '대박'이 터져 있어 무조건 차익을 실현했지."

이런 게 황소걸음의 지혜가 아닐까. 주식투자에서는 망각이 약이 된다. 안달복달한다고 주가가 뜻대로 움직여주지 않는다. '대박'은 지극히 우연의 산물이다.

주식투자에서는 망각이 약이 된다. 안달복달한다고 주가가 뜻대로 움직여주지 않는다. '대박'은 지극히 우연의 산물이다.

21 　토끼와 거북이-최후의 승자는 느림보 거북이다

마라톤 열풍이 불고 있다. 남녀노소가 따로 없다. 몸과 마음을 함께 추스릴 수 있다는 장점이 부각되고 있기 때문이다. 그러

유혹을 이겨내야 비로소 젖은 땀을 씻어내주는 완주의 기쁨을 누릴 수 있다.

나 처음 마라톤에 나서는 사람은 고생이 이만저만 아니다. 달릴수록 숨이 가빠진다. 마음 속으로는 '그만둘까?' 하는 유혹이 끊이지 않는다. 그 유혹을 이겨내야 젖은 땀을 씻어내주는 완주의 기쁨을 누릴 수 있다.

마라톤에는 '마(魔)의 구간'이 있다. 그걸 통과하면 믿기지 않는 지구력이 새롭게 생성된다. 주가가 오를 때도 반드시 '마의 구간'을 통과해야 커다란 시세를 낸다. 수급선이라는 60일 이동평균선이나 경기선으로 불리는 120일 이동평균선이 마의 구간이 되는 경우가 많다.

'토끼와 거북이'의 경주에서 최후의 승자는 느림보 거북이다. 대우자동차와 기아자동차의 엇갈린 운명은 마치 토끼와 거북이의 경주를 보는 것 같다. 시기가 다를 뿐 두 회사 모두 퇴출위기에 직면해 있었다. 기아가 어려울 때 대우는 어깨에 잔뜩 힘이 들어갔었다.

지금은 달라졌다. 기아자동차는 빼어난 실적을 바탕으로 '미인주'로 부상하고 있다. 출자전환 금융기관이 보유주식을 처분하며 출자금을 회수할 정도다.

약삭빠른 토끼보다는 느긋하고 뚝심이 센 거북이를 좋아하는 건 주식시장도 마찬가지다.

148

참여정부 – 흐르는 강물처럼

2002년 동계올림픽 쇼트트랙 경기에서 '할리우드 액션'으로 김동성 선수의 금메달을 빼앗은 미국의 앤턴 오노(Anton Ohno) 선수를 나무라는 일에서 불붙은 우리나라 사회의 참여문화. 이는 월드컵과 촛불시위, 대통령선거를 거치면서 가속도가 붙었다. 노무현 대통령은 급기야 '참여정부'라는 간판을 내걸었다.

인터넷으로 대변되는 IT 분야의 발달이 국민의 사회활동 참여를 촉진시키고 있는 것도 사실이다. 금융시장도 경제구조가 고도화될수록 직접금융시장이 발달한다. 그러나 우리나라의 금융시장은 여전히 간접금융 위주로 운용되고 있다. 그 원인은 상당 부분 권부(權府)에 있다. 권부가 시장을 '자의적'으로 다루려는 욕심이 있기 때문이다. '법대로' 원칙을 지키지 않는다는 얘기다. '법대로'가 안 되는 사회는 사상누각과 같아 쉽게 무너질 수 있다.

동양에서는 물이 가는 대로 놔두는 것을 법(法)이라고 했다. 물은 어떻게 가는가. 높은 데서 낮은 데로 흐른다. 많으면 넘치고 고이면 썩는다. "내가 하면 로맨스이고, 다른 사람이 하면 스캔들"이라는 고집이 상존하는 한, 법은 지켜질 수 없다. 참여정부의 성공 여부도 '법대로'의 실천 여부에 전적으로 달려 있다.

주식시장에서도 자율과 법치의 원칙이 지켜져야 한다.

23 화─꿈과 희망이 있어야 강물을 거슬러 오를 수 있다

화가 나면 몸 전체 근육이 긴장한다. 교감신경의 흥분으로 동공이 확대되고 얼굴 표정은 딱딱하게 굳어진다. 따라서 근육을 풀어주는 것이 유일한 치료법이다. 원시인들은 필사적으로 도망가거나 자신을 위협한 존재와 소리를 지르며 싸움으로써 긴장된 근육을 풀었다.

세계 경제가 마치 화난 사람처럼 경직되고 있을 때 주가가 오르기를 바라는 것은 무리다. 주식시장이 비틀거리는 것도 어쩌면 당연한 이치다.

"거슬러 올라간다는 것은 지금 보이지 않는 것을 찾아간다는 뜻이다. 꿈이랄까, 희망 같은 것이 대상이다. 힘겹지만 아름다운 일이다." 한 시인은 꿈과 희망이 있어야 강물을 거슬러 오를 수 있다고 노래한다.

월드컵 4강신화를 이룬 뒤 우리 사회에 번졌던 '히딩크(Hiddink) 신드롬'의 실체도 따지고 보면 '역류(逆流)' 현상이었다. 500일 동안 보이지 않는 어둠 속을 헤쳐오며 희망의 불씨를 살려온 것이 히딩크 신드롬의 본질이다. 히딩크가 공정한 선수 선발과 기본기를 중요시했다는 점은 부수적인 요인이다. 히딩크의 주가를 올린 것은 오히려 그가 자리를 지키도록 끝까지 참아준 축구팬들이라고 할 수 있다.

그렇지만 화를 참는 건 고단한 일이다. 틱낫한(Thich Nhat Hanh) 스님은 화를 자각하는 것이 중요하다고 말한다. 스님은 "우리 마음 속의 화는 우리의 아기다. 보살펴야 할 자식이다" 라고 말한다. 시장 참가자들이 귀담아들을 만한 경구다.

24 주(株)기도문―투매하지 않을 수 있는 용기를 주소서

삿대질과 고성이 난무하는 주식시장은 전쟁터를 방불케 한다. 루머가 꼬리에 꼬리를 문다. '사자'와 '팔자'가 넘쳐나며 '팔자'가 압승을 거둔다. 전광판이 심해(深海)를 연상시킬 정도로 짙푸르게 물든다. 사람들의 가슴도 덩달아 시퍼렇게 멍이 든다. 이것이 곧 투매(Selling Climax) 현장의 모습이다.

얼굴이 파래진 투자자들은 기도를 통해 두려움을 떨쳐버리곤 한다. 이른바 주(株)기도문이다. "약세장을 피해나갈 수 있는 힘과 두려울 때 투매하지 않을 수 있는 용기를 가지고, 정직한 패배에 부끄러워하지 않고 태연하며, 승리에 겸손하고 온유할 수 있는 투자자가 되게 하소서. 그의 주식을 부도나 급락의 길로 인도하지 마시고, 담보 부족과 반대매매의 길에서 항거할 줄 알게 하시며…."

주가는 하나의 생명체다. 따라서 생로병사(生老病死)의 과정

"약세장을 피해나갈 수 있는 힘과 두려울 때 투매하지 않을 수 있는 용기를 가지고, 정직한 패배에 부끄러워하지 않고 태연하며, 승리에 겸손하고 온유할 수 있는 투자자가 되게 하소서."

을 겪는다. 사계((四季)가 분명하다는 시각도 있다. 겨울이 싫다고 겨울을 피할 수는 없고, 한 여름에 긴소매의 옷을 입고 다닐 수는 없는 노릇이다. 계절에 맞게 행동하는 게 주(株)기도문을 외우는 것보다 현명한 일이다.

25 노노상속─고령화 사회가 투자의 패턴을 바꾼다

일본 경제가 10년 넘게 고통을 받고 있는 원인을 '노노상속(老老相續)'에서 찾는 시각이 있다. 노인이 사망한 뒤 유산이 역시 노령에 이른 자녀에게 상속되는 바람에 국가적으로 투자의 효율성이 떨어지고 있다는 것. 자산을 보수적으로 운용하는 이들 노인 세대는 주식시장 등에는 참여하지 않아 결과적으로 성장 잠재력을 녹슬게 한다는 설명이다.

안전 지향적인 노인들은 가계 금융자산의 60% 가까이를 은행 또는 우체국에 예금하고 있거나 아예 현금으로 갖고 있다. 주식과 같은 투자자산에 들어가 있는 부분은 10%를 약간 넘을 정도다. 위험하더라도 미래의 꿈을 보고 투자하는 자산은 별로 없는 대신, 담보가 확실하고 떼일 염려가 없는 곳에 대부분의 금융자산이 들어가 있다는 뜻이다.

반면 미국의 경우는 가계 금융자산 중 현금과 예금의 비중은 10%를 조금 넘고, 주식이나 채권과 같은 투자자산의 비중은 55%나 된다. 왕성한 경제활동을 하고 있는 40~50대가 상당부분의 금융자산을 보유하고 있기 때문이다.

우리나라도 경제성장을 위협받을 정도로 고령화가 빠르게 진행되고 있다는 소식이다. 지난 2000년 65세 이상 고령인구가 7% 이상인 고령화 사회에 진입한데 이어 2019년에는 그 비중이 14%를 넘어설 것이란 전망이다. 바야흐로 인구통계를 모르고 경제를 논할 수 없는 시대가 온 것이다.

26 천재─주식시장의 리듬이 빨라진다

지난 1993년 독일 프랑크푸르트에서 "마누라와 자식을 빼고 다 바꿔라"라고 한 삼성 이건희 회장이 꼭 10년 뒤인 2003년에 이르러 '천재 경영론'을 들고 나왔다. 이 회장은 경쟁이 치열해지고 불확실성이 더욱 커지는 미래에 확실하게 생존할 수 있는 길은 인재 양성밖에 없다고 강조했다. 새로운 얘기는 아니다. 그러나 삼성이 21세기 경영 화두로 '인재'를 제시했다는 점에서 많은 것을 생각하게 한다.

삼성이 천재에 관심을 갖는 것은 현 국면을 패자의 게임(Loser's Game) 시대로 보기 때문이라고 한다. 정보의 확산 속도가 매우 빠르고 경쟁이 극심한 때에는 "누가 좋은 기회를 잡는

주식시장의 리듬이 빨라지고 있다. 추격매수나 추격매도는 어리석은 결과를 불러오기 십상이다. 종종 경제지표를 보고 투자하는 것이 허망할 때가 있다.

가?"가 중요한 승리자의 게임(Winner's Game)이 아니라 "누가 어리석은 결정을 하지 않는가?"가 생존의 요건이 되는 패자의 게임이기 때문에 더욱 주목을 받고 있는 것. 이런 시기에는 한 번의 잘못된 결정이 바로 퇴출로 연결될 수 있기 때문에 살아남는 게 중요하다. 여러 명을 먹여 살릴 수 있는 것은 바로 '천재'들의 역할이라는 게 삼성의 생각이다.

주식시장의 리듬도 빨라지고 있다. 추격매수나 추격매도는 어리석은 결과를 불러오기 십상이다. 종종 경제지표를 보고 투자하는 것이 허망할 때가 있다. 지표끼리 엇박자를 내기 일쑤인데다 추세를 읽기가 어려운 경우가 많다. 천재 경영자를 요구하는 시대상황에서 개인투자자의 설자리가 갈수록 좁아지고 있다.

비탈길에서 넘어지지 않으려면 낮은 쪽 발에 체중을 싣고 균형을 잡아야 한다.

27 게으름 – 게으름이 약이 될 때

생활하다 보면 빠르고 효율적인 것이 최선이 아닌 경우도 있다. 우수하고 효율적인 가전제품일수록 사용방법을 익히기가 어렵다.

염증성 박테리아를 배양하던 영국의 세균학자 알렉산더 플레밍 (Alexander Fleming)은 배양기에 곰팡이가 핀 것을 보았다. 그 순간 그는 곰팡이 범벅을 쏟아버리려다 게으름 때문에 차일피일 미루게 됐고, 결국 페니실린 발견자로서 역사에 그 이름을 새겼다.

영국 총리였던 윈스턴 처칠(Winston Churchill)은 게으르면서도 맡은 바 임무를 다한 사람으로 꼽힌다. 그는 아무리 급해도 낮잠은 꼭 잤다고 한다. 독일군의 폭격으로 아무리 시끄러워도 개의치 않았다. 잠옷차림에 굵은 시가를 입에 문 채 국가의 기밀문서에 사인을 했다.

시장참가자들은 불확실한 것을 제일 싫어하며, 잦은 매매를 통해 조바심을 드러낸다. 성급한 매매는 항상 '걱정거리'를 달고 다니기 때문이다.

그러나 '걱정'을 과학적으로 분석하면 그리 걱정할 게 못된다. "걱정의 40%는 절대 현실로 일어나지 않으며 30%는 이미 일어난 일. 또 22%는 사소한 고민, 4%는 우리 힘으로는 어쩔 수 없는 것이다."

무려 4%가 당신이 해결할 수 없는 일이므로 혼자 천하를 걱정할 필요는 없다. 불안을 떨쳐버리기 쉽지 않을 때 정반대로 잔뜩 게으름을 피워보는 건 어떨지.

시장참가자들은 불확실한 것을 제일 싫어하며, 잦은 매매로 조바심을 드러낸다. 성급한 매매는 항상 '걱정거리'를 달고 다니기 때문이다.

28 실패학─하나의 큰 사건 뒤에는 29개의 원인이 있다

미국 프로야구의 전설적인 홈런왕 베이브 루스. 그는 메이저리그 22시즌(2,503경기)에 출전, 714개의 홈런과 2,056개의 사사구를 기록했다. 그러나 그는 1,130개의 삼진 아웃을 기록, 삼진 타자라는 그림자를 함께 간직했다. 고수익 추구가 고위험을 동반하는 것과 다를 바 없다. 삼성그룹 이건희 회장이 자주 얘기한다는 '드라이버론'도 시사하는 게 이와 비슷하다. "드라이버샷을 180야드 보내는 골퍼가 코치를 받아 200야드를 보내기는 쉽다. 좀더 배우면 220야드도 보낼 수 있다. 그러나 250야드 이상을 보내려면 그립 잡는 방법과 스탠스 등 모든 걸 바꿔야 한다." 함부로 욕심을 내지 말라는 얘기다.

이 회장은 다음과 같은 말도 했다. "나는 아직까지 실수만 갖고 나무란 적이 없다. 실수가 나쁜 것이 아니라 그것을 묻어두는 것이 나쁜 것이다. 인생을 살아가고, 회사를 경영해나가는 데는 실수가 재산이다. 그리고 실수를 학습효과로 기록하는 것이 중요하다. '이런 것을 실수했으니 이와 비슷한 것은 근처에도 가지 말자'라고 하면 실수가 되풀이될 리가 없다."

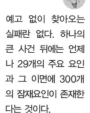

예고 없이 찾아오는 실패란 없다. 하나의 큰 사건 뒤에는 언제나 29개의 주요 요인과 그 이면에 300개의 잠재요인이 존재한다는 것이다.

예고 없이 찾아오는 실패란 없다. 하나의 큰 사건 뒤에는 언제나 29개의 주요 요인과 그 이면에 300개의 잠재요인이 존재한다는 것(하인리히 법칙)이다. 지나친 욕심을 버리되 끈질긴 도전을 통해 자신감을 쌓아가는 것이 정도(正道)일 것이다.

29 화상과 동상—무릎에서 사서 어깨에서 팔라

"가까이 하면 화상에, 멀리 하면 동상에 걸린다." 재계가 느끼는 정치권은 '가깝고도 먼 당신'이다. 따라서 '불가근 불가원(不可近 不可遠)'의 원칙을 지키는 게 상책이란 생각을 재계는 갖고 있다.

주식투자에서도 불가근 불가원의 원칙이 필요하다. 수익률을 높이는 데는 두 가지 방법이 있다. 하나는 좋은 주식을 싸게 산 다음 정당한 평가를 받을 때까지 기다리는 것이다. 이 때는 종목탐구에 열을 올리는 등 주식에 바짝 다가서 있어야 한다. 다른 하나는 적정 수익률을 올렸을 때 팔아치우는 것이다.

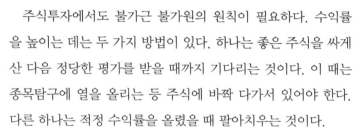

적정 손실규모를 벗어날 때 '손절매' 하는 것도 따지고 보면 수익률을 보전하는 방법이다. 크게 잃을 수도 있는 것을 선방한 셈이기 때문이다.

적정 손실규모를 벗어날 때 '손절매' 하는 것도 따지고 보면 수익률을 보전하는 방법이다. 크게 잃을 수도 있는 것을 선방한 셈이기 때문이다. 물론 손절매가 결코 쉬운 일은 아니다. "살 주식은 널려 있지만 팔 주식은 하나"라는 말은 그래서 나온다. 따라서 팔 수 있는 기회는 "소녀처럼 왔다가 토끼처럼 간다"라고 표현한다. 누구나 고점에서 보유주식을 처분하려고 하지만 그런 축복을 받는 투자자는 많지 않다.

포커나 고스톱에서도 버릴 때 과감히 버리는, 이른바 '디스카드(Discard)'가 승패를 가름한다. 화상을 입지 않으려면 주식투자에 입문해 귀가 따갑도록 듣는 "무릎에서 사서 어깨에서 팔라"라는 격언을 실천해야 한다.

30 | 가두리 장세─시간이 나쁜 재료를 걸러낸다

수심이 깊고 면적이 넓은 수면에 그물 또는 특수한 시설을 갖추고 물고기를 가두어 양식하는 것을 '가두리' 양식이라고 부른다. 이는 잉어·메기·송어·방어 등의 어류 양식에 널리 이용된다.

주식시장은 대세 상승장을 빼고는 대체로 꽤 튼튼한 가두리에 갇혀 있는 모습을 보인다. 주가가 생각보다 많이 빠졌다 싶으면 금세 원래 자리를 찾기라도 하는 것처럼 다시 오른다. 반면에 많이 오르면 내던지는 모습도 목격된다. '가두리' 증시에서는 시간의 흐름이 혼미해진다. 따라서 수익률을 높이기란 쉽지 않다. 가두리 양식장에서는 물고기들이 서로 부딪히는 바람에 외상을 자주 입는다. 이는 결국 물고기의 떼죽음으로 이어져 수질 환경을 오염시킨다는 지적도 받는다. 가두리 장세에서 조급증을 가지면 훗날의 기회를 잃을 수도 있다.

평상심을 갖는 게 중요하다. 또한 '홈런'보다 '안타'를 노리는 전략이 좋다. 안타도 '저스트 미트(Just Meet)' 수준이 적합하다. 방망이를 공에 맞추듯이 시절에 동참하라는 뜻.

기업 이익과 주가를 냉정하게 비교해보는 것도 효과적이다. 그래야 '선구안'이 좋아진다. 이럴 때는 지루한 시간과의 싸움을 벌이지만, 시간이 나쁜 재료를 걸러낸다고 믿으면 지루함을 달랠 수 있다. 저스트 미트의 다른 말은 '순응'이다.

평상심을 갖는 게 중요하다. 또한 '홈런' 보다 '안타'를 노리는 전략이 좋다.

 복제인간 — 시장상황이 반복되지 않는 이유

"상상하는 것 이상을 볼 수 있다"라는 광고 문구로 눈길을 끈 〈매트릭스 2 리로디드(Matrix 2 Reloaded)〉에서는 쿵푸와 와이어 액션으로 거듭난 주인공 네오가 복제인간 100여 명과 싸우는 장면이 나온다. 복제인간은 현실화될 수 있을까?

주식시장이 갈수록 꼬여만 갈 때 시장참가자들은 과거를 반면교사(反面教師)로 삼으려고 하지만, 실제 벌어지는 상황은 다른 경우가 많다.

인간복제회사 클로네이드(Clonaid)사는 잇따라 복제아기가 탄생했다고 주장하고 있다. 네덜란드 여성 동성애자가 두번째 복제아를 분만했다고 밝힌데 이어 세번째 복제아가 일본 여성의 몸에서 태어났다고 발표했다. 클로네이드는 "복제아기가 교통사고로 죽은 2세 남아(男兒)에서 떼어낸 세포로 복제됐다"라고 설명했다. 액면 그대로 받아들이면 죽은 아이가 환생(還生)한 셈이다.

주식시장이 갈수록 꼬여만 갈 때 시장참가자들은 과거를 반면교사(反面教師)로 삼으려고 하지만, 실제 벌어지는 상황은 다른 경우가 많다. 주식시장이 장기간 급락세를 보이면 급반등할 것이라는 '학습효과'를 떠올리는 투자자가 용기 있게 나올 법도 한데, 사정은 사뭇 딴판으로 돌아가기도 한다. 시장 상황은 복제되지 않기 때문이다.

오히려 머니마켓펀드(MMF)로 돈이 몰리고 운용회사는 이를 돌려보내느라 안간힘을 쓰는 진풍경이 벌어지기 일쑤다. 그렇지만 복제가 안 되는 시장에는 가능성이 넘쳐 있는 것도 사실이다.

얼마 전 고려 왕조의 족보인 《고려성원록(高麗聖源錄)》이 발견되었다는 뉴스가 장안의 화제가 됐다. 이는 고려를 창건한 태조 왕건을 시조로 한 개성 왕(王)씨의 족보. 역성(易姓)혁명에 성공한 조선 왕조가 왕씨에 대한 탄압 수위를 높여, 왕씨들이 족보를 드러내놓고 펼쳐보지 못했다는 사연 때문에 더욱 관심을 끌었다. 조선조의 핍박을 피하기 위해 임금 왕(王)자에 가필해 옥(玉)·전(田)·전(全)·김(金)·마(馬) 등의 성씨가 태어났다는 내용도 재미있다.

사람들은 최선의 선택만을 고집한다. 그러나 세상사를 보면 오히려 차악(次惡)을 선택하는 일이 더 많다. 대표적인 게 선거판이다. 출마자들은 자신들이 '선량'이라고 큰소리치지만, 이리저리 뜯어보면 모두가 '교도소 담장 위를 걷는' 사람들이다. 그래서 차악을 선택하게 된다. 주식을 고르는 눈도 마찬가지다. 왕씨의 생존방정식을 함께 풀어볼 필요가 있다.

첫째, 생존이 최우선이라는 대의(大義)에 따르는 것이다. 시장에 순응하라는 얘기로 바꿀 수 있다. 둘째, 위험할 때는 흩어져라. 왕씨는 명분보다는 실리가 중요한 만큼 자존심을 버리고 성(姓)까지 바꿨다. 투자자도 자신이 감당할 만한 종목에 분산 투자하는 지혜가 중요하다. 수익과 위험을 함께 고려하는 것이다. 그래야 족보를 남길 수 있는 장기투자를 할 수 있다.

33 호시우행(虎視牛行)—판단은 호랑이처럼 예리하게 하되, 행동은 소처럼 신중하고 끈기 있게 하라

'알부자' 일수록 자신만의 돈 버는 비법을 하나씩 갖고 있다. 이들은 그들만의 생활습관에서 비법을 갈고 닦는다. 생활 그 자체를 투자판단의 척도로 삼는다.

예컨대 정부출연 연구소의 경제전망 하향조정이 러시를 이룰 때, 또는 TV 뉴스에서 썰렁한 시장의 모습이 자주 비칠 때, 골프채를 가지고 해외여행 떠나는 사람들을 문제 삼을 때가 있다. 이 때 '알부자'들은 본능적으로 경기가 바닥권에 진입했음을 느낀다. 일상의 관찰 결과가 경기상황에 대한 판단으로 연결되는 셈이다.

그러나 실생활에서의 경기상황 판단만으로는 투자에서 성공할 수 없다. 또 다른 습관이 필요하다. 현실에 대한 정반대의 사고, 즉 냉정한 역발상의 사고 습관이 바로 그것이다. 경기가 나쁘다고 위축될 것이 아니라 좋아질 날이 멀지 않았다는 식으로 생각한다든지, 아니면 호경기 때도 장차 하락에 대비하는 것 등이 역발상적 사고다.

합리적 근거를 통해 경기 판단이 섰을 경우에는 투자행동이 빠르고 과감해야 한다. 훌륭한 투자가가 되기 위해서는 어떤 사실을 완전히 신뢰하지도, 그렇다고 전적으로 부인하지도 않는 중용에 바탕한 사고습관을 가져야 한다. '호시우행(虎視牛行)'의 지혜가 필요하다.

훌륭한 투자가가 되기 위해서는 어떤 사실을 완전히 신뢰하지도, 그렇다고 전적으로 부인하지도 않는 중용에 바탕한 사고습관을 가져야 한다.

주식시장은 복잡한 원리가 작동하는 곳이다. 호재와 악재가 시소게임을 하면서 가격을 만들어 간다. 투기거래의 달인인 조지 소로스는 "미래에 대한 예상과 실제로 다가오는 미래 사이에는 항상 괴리가 존재하고, 그 괴리는 시장 참가자의 편견으로 나타난다"라고 말했다. 변화무쌍한 미래를 정확하게 예측할 수 없기 때문에 미래를 과대평가하거나 과소평가할 수밖에 없다. 주식시장에서는 모래시계처럼 때가 되면 오르거나 내릴 것이라고 알려주는 장치가 없다. 따라서 자신만의 고유한 모래시계를 만들어야 한다.

씨앗을 뿌리는 자세로 시장에 참여하라

주식투자의 지혜를 낚는 법

01 100명의 마을-우리나라 증시에 100명의 투자자가 있다면

"세계가 만일 100명의 마을이라면 이 마을의 모든 부(富) 가운데 6명이 59%를 가졌고, 그들은 모두 미국 사람입니다. 또 74명이 39%를 차지하고 있습니다. 이 마을의 모든 에너지 중 20명이 80%를 사용하고 있고 80명이 20%를 나누어 쓰고 있습니다." 이는 《세계가 만일 100명의 마을이라면》이라는 책에 나오는 구절이다. 경제적으로 따져 보면 소수의 힘있는 사람들이 세상을 좌지우지하고 있다는 점을 이 책은 시사한다.

우리나라의 주식시장도 마찬가지다. 100명의 투자자가 있다면 0.3명의 외국인이 시가총액의 35%를 차지하고 있다. 외국인 투자자에게 좌지우지되는 우리나라 증시를 '천수답' 시장이라고 부른다. 그러나 그런 의미의 천수답이라면 유럽이나 일본도 다를 바 없다. 자본에 국경이 따로 없기 때문에 거대

우리나라의 주식시장에 100명의 투자자가 있다고 가정해보면 0.3명의 외국인이 시가총액의 35%를 차지하고 있다.

국제투자자금은 수시로 국경을 넘나든다. 덩치가 워낙 크기 때문에 그들이 움직일 때마다 주식시장이 출렁거리는 것은 어쩌면 당연한 일이다. 갈수록 소수 외국인 투자자의 영향력이 커지고 있다.

천수답은 벼농사에 필요한 용수를 빗물에만 의존한다. 관개 시설을 충분히 설치하면 400조 원에 달하는 부동자금이 시장으로 몰려와 천수답의 오명을 벗을 수 있다. 내국인 자금과 외국인 자금이 서로 엉켜서 두 자금 간의 경계가 허물어질 때, 자본의 진정한 국제화를 이룰 수 있다. 그런 시장이라면 수급이 왔다갔다하는 데 따라 쉽게 상처받지는 않는다.

02 | 바보와 의사─당신은 바보인가, 의사인가?

"단위면적당 바보가 가장 많은 곳이 증권사 객장이다." 이런 주장을 편 사람은 헝가리 출신의 투자자 앙드레 코스톨라니(Andre Kostolany)다. 비쌀 때 주식을 사서 쌀 때 파는 일을 수없이 반복하는 개인투자자를 풍자한 얘기일 것이다. 실제로 대형 펀드를 움직이는 펀드매니저가 원숭이나 젖먹이 어린이와의 투자 게임에서 번번이 진다는 해외토픽을 접하면 코스톨라니의 주장에 수긍이 간다.

그러나 코스톨라니는 "투자자와 비슷한 직업이 의사와 변호사"라는 말도 빼놓지 않았다. "주식시장이 강세인가, 약세인

166

가?" "이 주식은 왜 떨어질까?" 등과 같은 진단을 한 뒤 후속
조치를 결정하기 때문이다. 자신의 결정이 잘못된 방향으로
가면 새로운 해결책을 찾아나서는 것도 이와 비슷하다. 직관
과 상상력이 능력을 배가시키는지도 모른다. 의학이나 투자는
모두 '과학'이 아니라 일종의 '기술'이라는 것이 코스톨라니
의 결론.

그가 말하는 '바보'는 투자결과를 말하는 것일 뿐, 투자자는
'의사'의 덕목을 구비해야 할 것이다. 평소에 의사가 되려는 노
력이 당신을 투자자 대부분의 별명인 '바보'에서 제외시켜줄
수 있는 길이며, 누군가를 '바보'로 만들 수 있는 비책이다.

03 반성 – 문제는 현재 국면을 어떻게 평가하느냐에 달려 있다

"남자의 절약은 미래에 대한 투자며, 여자의 절약은 궁상이
다." 이 같은 말을 남긴 사람은 독일의 철
학자 칸트(Kant)다. 남자와 여자의 셈법이 다
르다는 점을 일깨워주는 말이지만, '증시의
눈'으로 해석해도 재미있다.

"남자의 절약은 미래에 대한 투자"라는 얘기
는 주가 하락기에 적합하다. "여자의 절약
은 궁상"이라는 표현은 주가 상승기에 들
어맞는다. 주가 하락기에는 실탄을 아

껴가면서 쉬는 것조차 피곤할 정도로 충분한 휴식을 취해야 다시 힘을 얻을 수 있다는 '일보후퇴론'에 체중을 싣는 것이 너무나 당연하다. 대부분 종목이 신고가를 경신하는 대세 상승기에 팔짱을 낀 채 '절약'을 강조하면 우스꽝스럽지 않은가. 문제는 현재 국면을 어떻게 평가하느냐에 달려 있다.

그 판단은 반성을 통해 할 수 있다. 주식투자자들은 하루에도 수없이 후회하고 반성한다. 피 말리는 승부의 세계에서 살아남기 위한 첫번째 조건은 자신의 결정에 대한 처절한 '반성'이다. 자신보다 뛰어난 고수가 수두룩하다는 사실을 받아들이는 데는 겹겹이 쌓인 반성의 시간이 필요하다.

알 수 없는 미래가치에 승부를 거는 것이 주식투자의 본질이다. 반성을 통해 내가 투자하고 있는지, 궁상을 떨고 있는지 가늠할 수 있다.

04 하이에나─냉온탕 증시에서 살아남으려는 생존술

다음과 같은 말들은 무엇을 의미할까?

"환상을 갖고 시작한다. 결과를 예측할 수 없다. 자녀 수를 계속 늘리려고 시도한다. 자신은 후회하면서 다른 사람에게 권유하는 걸 서슴치 않는다." 이는 곧 '주식투자와 결혼'의 공통점이다.

개인투자자들은 이 같은 환상을 갖고 주식투자에 입문한다.

그들의 상당수는 '데이 트레이더' 다. 데이 트레이더는 증시에 대한 비관론에서 움텄다. '바이 앤드 홀드' 로는 좀처럼 수익을 낼 수 없는 냉온탕 증시에서 살아남기 위한 일종의 생존술이다.

데이 트레이더는 힘이 쇠약해진 저가주를 주로 공략한다. 힘이 빠질 대로 빠진 종목에 '수급' 이란 칼을 들이밀며 달려든다. 이런 이유에서 그들은 '하이에나' 라는 별명을 갖고 있다. 하이에나는 동물의 왕국에서 일등 청소부다. 맹수들이 먹다 남긴 '사체' 를 말끔히 청소한다. 떼지어 몰려다니는 면에서도 데이 트레이더는 하이에나와 비슷하다. 식성도 좋다. 수급사정이 어떻다느니, 경기흐름이 어떻다느니 별별 얘기를 다해봐도 소용이 없다. '허기' 가 지면 어김없이 사냥에 나설 뿐이다.

그러나 지난 2002년 여름 무렵부터 데이 트레이더가 줄어들고 있다는 분석이다. 증시가 오르막 내리막을 왔다갔다하지만 김장독에 김치를 담궈놓듯 좋은 주식을 사두면 저절로 수익을 낼 수 있는 종목이 하나둘 늘고 있기 때문이다. 저금리 기조가 굳어지고 있는 데 따라 부동자금이 사상 최고수준을 보이고 있는 것도 '하이에나' 의 활동을 위축시키는 원인으로 꼽힌다.

데이 트레이더는 증시에 대한 비관론에서 움텄다. '바이 앤드 홀드'로는 좀처럼 수익을 낼 수 없는 냉온탕 증시에서 살아남기 위한 생존술이다.

---

05 | 주차장—팔 수 있는 기회는 소녀처럼 왔다가 토끼처럼 간다

주식은 사는 것보다 파는 게 더 어렵다. 매매시점도 매수보다는 매도시점 잡기가 더 어렵다. 따라서 팔 수 있는 기회는 "소

누구나 고점에서 보유
주식을 처분하려 하지
만 그런 축복을 받는
투자자는 많지 않다.
주식투자에 입문해서
귀가 따갑도록 듣는
얘기가 아마도 "무릎
에서 사서 어깨에서
팔라"라는 격언일 것
이다.

녀처럼 왔다가 토끼처럼 간다"라고 표현한다. 누구나 고점에서 보유주식을 처분하려 하지만 그런 축복을 받는 투자자는 많지 않다. 주식투자에 입문해서 귀가 따갑도록 듣는 얘기가 아마도 "무릎에서 사서 어깨에서 팔라"라는 격언일 것이다.

그러나 그게 말처럼 쉽지는 않다. 30여 년 전 미국 뉴저지의 한 환승역 주차장. 이 곳에서 뉴욕으로 출근하는 주민들은 승용차를 세워놓고 전철로 갈아탄다. 그런데 매일 차 한 대가 꼼짝도 하지 않고 제자리에 있었다. 이웃 주민들은 그 곁을 지나갈 때마다 "얼마나 게으른 사람이길래…"라며 혀를 차곤 했다.

그러나 사실은 사뭇 다르다. 그 차 주인은 남보다 일찍 출근하고, 늦게 퇴근하는 바람에 이웃 주민의 눈에는 차가 항상 제자리에 있는 것으로 비친 것이다. 주인공은 뒷날 씨티그룹의 CEO에 올랐던 존 리드(John Reed).

노력하는 사람만이 성공한다. 노력하지 않는 사람은 우물 안에서 하늘을 보는 우(憂)를 범할 수 있다. 경기는 나빠지는데, 많은 국민들이 로또 복권으로 '인생 역전'을 노리고 있다. '인생 역전'은 부지런한 사람에게 돌아오는 선물이란 점을 되새겨야 할 때다.

06 두 갈래 길 – 주식투자자도 늘 갈림길에서 고민한다

"노란 숲 속에 길이 두 갈래로 갈라져 있었습니다. 안타깝게도

나는 두 길을 갈 수 없는 한 사람의 나그네입니다. 나는 사람이 적게 간 길을 택했고, 그것으로 인해 모든 것이 달라졌습니다."

누구나 한번쯤 읊어보았을 프로스트(R. Frost)의 명시 〈가지 않는 길〉이다.

주식투자자도 늘 갈림길에서 고민한다. 경기 침체기에는 "얼어붙은 경제상황이 주가에 충분히 반영되고 있으니, 이젠 주식을 살 때가 되었다"라는 말에 귀가 솔깃해진다. 그러나 악화되고 있는 경제지표가 '현실'로 나타날 때 갈등은 깊어진다. 혹시 더 나빠지지 않을까 고민하게 된다.

주식투자는 이 같은 갈등을 현명하게 조율해가는 과정이다. 즉 마라톤과 같은 게임이다. 출발선과 골인지점을 연결해 보면 매일매일의 승패는 '찰나'에 가깝다. 따라서 현명한 투자자는 '쉬는 것도 투자'임을 잘 꿰뚫고 있다. 그러나 주식시장에서 주가를 움직이는 것은 사건이 아니라 사건을 해석하는 사람들의 생각일 때가 많다.

처음에는 떨어지는 칼날이 무서워 한발 두발 뒤로 물러서지만 그 뒤에는 사람들의 발자국 소리에 더 민감하게 반응하게 된다. 내가 진정 바라는 게 무엇인지를 먼저 생각해야 후회 없는 선택을 할 수 있다.

주식투자는 마라톤과 같은 게임이다. 출발선과 골인지점을 연결해보면 매일매일의 승패는 '찰나'에 가깝다. 내가 진정 바라는 게 무엇인지를 먼저 생각해야 후회 없는 선택을 할 수 있다.

07 악어의 눈물 — 아낌없이 발품을 팔아라

악어는 사냥감을 먹어치운 다음 눈물을 흘린다. 사냥감을 잡아먹고 뒷날을 위해 거짓 눈물을 흘린다는 것. 이를 '악어의 눈물'이라고 한다.

옛날 한 여인이 나일 강변에서 악어에게 아기를 빼앗겼는데 그녀는 악어에게 아기를 돌려달라고 간절히 애원했다. 그러자 악어는 "내가 아기를 돌려주겠는가 안 돌려주겠는가? 맞히면 돌려주마"라고 말했다.

여인이 주춤거리자 악어는 애석하다는 듯이 눈물을 흘리며 아기를 잡아먹었다는 스토리.

그러나 과학자들은 악어가 감정 때문에 눈물을 흘리는 게 아니라고 말한다. 해수와 음식을 함께 먹으면서 들어온 염류를 몸 밖으로 배출하기 위해 눈물을 흘린다는 것.

매일매일 열리는 주식시장에서도 '악어'가 되는 투자자와 '악어의 밥'이 되는 투자자가 갈린다. 어떤 사람이 악어의 밥이 될까? 아파트 한 채 값의 주식을 사면서도 대차대조표나 손익계산서 한 장 살펴보지 않는 투자자가 이 같은 부류에 속할 것이다. 웬만한 사람들은 아파트를 구입할 때 교통환경이 어떠한지, 수돗물이 잘 나오는지 등 기본적인 요건을 꼼꼼이 따진다. 부동산시장에서는 투기꾼들조차 발품을 파는 것을 기본으로 삼는다. 그러나 주식시장에 참여하고 있는 '개미군단'은

"투자를 결정할 때는 최소한 새 냉장고를 고를 때만큼의 시간과 노력을 기울여야만 한다."

사뭇 다르다.

증권사가 많은 돈을 들여 리서치 조직을 확대하고 있는 것은 종목 선택을 위한 '합리적 잣대'를 찾기 위한 몸부림이다. 일찍이 전설적인 펀드매니저 피터 린치는 "투자를 결정할 때는 최소한 새 냉장고를 고를 때만큼의 시간과 노력을 기울여야 한다"라고 말하지 않았던가.

08 바닥 논쟁─악재에 '내성(耐性)'을 키워가는 모습

약세장에서 투자자들의 화두는 '바닥'이다. 지나봐야 알 수 있는 것이 바닥이기 때문에 논의 자체가 무의미할지도 모르지만, 바닥 논쟁은 항상 뜨겁게 달아오른다. 일부에서는 악재에 '내성'을 키워가는 모습을 바닥의 신호로 여긴다. 공포 속에서 바닥이 다져지고 회의(懷疑) 속에서 상승이 시작된다는 오랜 투자 경험이 배어 있다. 각종 경제지표에 빨간 불이 들어오고 외신이 한국 경제의 '자아 도취병'을 공격할 때가 바닥일 경우가 많다는, 믿거나 말거나 분석도 있다.

수급상으로는 주가지수의 바닥은 종종 개인의 '스마트 머니'가 만들어낸다. 통상 바닥은 개인이 만들고, 상승세는 외국인이 이끈다는 통설도 있다. 외국인 투자자는 한

약세장에서 투자자들
의 화두는 '바닥' 이
다. 바닥 논쟁은 항상
뜨겁게 달아오른다.

번 '사자' 에 나서면 묵직묵직하게 주식을 사들인다. 될 만한 종
목을 고른 뒤 묵묵히 나눠 사들여가는 방식이다.

반면 개인은 시장의 열기가 뜨거워지면 코스닥시장의 그다
지 오르지 않은 종목에까지 눈길을 돌리기 시작한다. 이 종목
저 종목으로 매기가 옮겨다니는 '풍차 장세' 의 조짐도 엿보인
다. 이런 패턴이 계속되는 것은 아니지만, 멀리서 보면 시장의
문양과 색깔을 볼 수 있다.

09 허무개그 – 경제지표와 기업실적이 엇박자를 내는 순간

정부가 달아오르는 부동산시장을 잡기 위해 안간힘을 쓰던
2002년 가을. 정부의 바람몰이로 시중자금이 부동산에서 주식
시장으로 방향을 틀 것인지에 대해 갑론을박(甲論乙駁)이 한창
이었다. 그로부터 반 년이 채 지나지 않은 2003년 봄, 부동산
시장과 주식시장 모두 생기를 잃고 있다.

무분별한 재건축사업에 대해 잇따라 제동이 걸리는 바람에
'깡통' 을 차는 투자자가 나오는 지경이다. 일부에서는 "정부
가 운전대를 너무 급격히 돌린 탓에 다시 자동차에 오르는 것
을 꺼리는 것 같다" 라고 평가한다. 2000년 초 코스닥시장이
붕괴되면서 이른바 '프리코스닥(prekosdaq)' 에 많은 돈이 묶여
있듯이, 부동산시장에서도 오도가도 못하는 뭉칫돈이 적지 않
다는 얘기가 들린다.

"죽고 싶다는 생각이 들면 하루 동안 아무것도 먹지 말아 보세요. 배고파 죽습니다. 죽지 않았다면 앞선 하루 동안 못먹었던 음식을 쌓아놓고 다 먹어 보세요. 배 터져 죽습니다. 이것도 안 되면 하루 동안 아무 일도 하지 말아 보세요. 심심해 죽습니다."

투자자들이 매매를 쉽게 결정할 수 있도록 경제지표나 기업실적이 언제나 한 방향으로 신호를 보내주지는 않는다.

16대 대통령 선거가 한창이던 2002년 겨울 '허무개그'가 대유행한 적이 있다. 허무개그는 즉답을 피하거나 동문서답하는 내용의 우스갯소리. 당시에 한 대선주자를 패러디한 허무개그가 상한가를 기록했다.

주식시장도 자주 허무개그에 놀림을 당한다. 투자자들이 매매 결정을 쉽게 할 수 있도록 경제지표나 기업실적이 한 방향으로 신호를 보내주는 경우가 많지 않기 때문이다. 경제지표와 기업실적이 자주 엇박자를 내며 허무개그에 나오는 동문서답의 형태를 보인다. 신호가 엇갈리니 주가가 냉온탕을 왔다 갔다 하는 게 어쩌면 당연한지도 모른다. 정신을 바짝 차려야 혼을 빼앗기지 않는다.

10 강남 아파트─한번만 결정하면 되는 종목

정부가 부동산 투기를 잡겠다고 큰 소리를 칠 때마다 그 칼날은 항상 서울 강남을 향한다. 지난 2003년 5월에도 '양도세 실거래가 과세' 등 거창한 대책을 쏟아냈다. 문제는 굳이 투기꾼이 아니더라도 약발이 없다고 미리 단정해버리는 식상한 정책이라는 데 있다. 강남 집값의 오름세가 잠시 주춤거릴 뿐, 장기적인 추세는 꺾이지 않을 것으로 전망되고 있다.

그 이유는 투자자들이 강남 아파트를 단순한 부동산 가격으로만 계산하지 않기 때문이다. 8학군이라는 좋은 교육여건과 선진국 수준의 지하철 등 교통서비스, 웬만한 중앙부처 수준을 능가하는 지자체(구청)의 행정서비스와 예술의 전당 등 문화시설 가치 등이 포함된 일종의 '브랜드' 가격으로 보고 있다.

주식시장에서 강남의 아파트 같은 존재가 '니프티-피프티(nifty-fifty)' 종목이다. 지난 1969~73년까지 미국 뉴욕 증시에서 나타난 우량종목 중심의 주가상승 현상에서 나온 표현이다. 우리말로 하면 '멋진 50종목' 쯤으로 해석할 수 있다. 다시 말해 우량(nifty) 종목 50개(fifty)만 지속적으로 오르고 나머지는 철저히 소외받은 차별화 장세를 니프티-피프티라고 일컫는다. 코카콜라, 필립모리스, P&G, 맥도날드, 월트 디즈니 등이 그 당시 대표적인 니프티-피프티 종목으로 꼽혔다. 이들이 뜬 이유는 △유통주식수가 많아 대량 거래에 따른 부담이 적었고 △실적이 지속적으로 호전되고 있었으며 △주주들의 철저한 감시를 통해 경영 투명성이 확보됨으로써 투자책임 문제에서 비교적 자유로웠기 때문이다.

강남 아파트의 장점과 유사하다. "한번만 결정하면 되는 종목", 즉 '원-디시전(one-decision)' 종목을 고르는 눈도 다르지 않다.

176

11 공짜 점심-공짜는 없다

옛날 어느 현명한 왕이 현자(賢者)들을 한 자리에 모아놓고 후세에 남길 수 있는 지혜를 모아 책으로 만들라고 했다. 현자들은 오랜 세월 연구를 거듭한 끝에 12권의 책으로 묶어 왕에게 바쳤다. 그러나 왕은 "사람들이 읽지 않으면 소용이 없으니 간략하게 줄이라"고 되돌려보냈다. 현자들이 퇴고를 거듭한 끝에 완성한 것은 한 문장, "공짜는 없다"였다.

한동안 《부자 아빠 가난한 아빠》란 책이 장안의 화제를 모았다. 자녀들에게 '고기 잡는 법'을 알려주는 게 어떤 유산보다 소중하다는 게 이 책의 골자다. 누구나 부자 아빠가 되고 싶어한다. 그렇지만 그렇게 되기가 '하늘의 별 따기'인 것을 주식투자자들은 잘 알고 있다.

'고기 잡는 법'도 말처럼 쉽게 깨우치는 게 아니다. 최근 들어 가정마다 자녀들에게 경제교육을 시키겠다고 난리법석이다. 현금 흐름의 중요성을 배우기 위한 온라인 시뮬레이션 게임도 나오고 있다. 그러나 중요한 것은 "공짜 점심은 없다"는 점을 자녀들에게 일깨워주는 것이 아닐까. 주식투자의 고수들도 잘 모르는 '고기 잡는 법'을 알려주겠다고 법석을 떨 게 아니라 수고와 노력, 시행착오 없이 성공할 수 없다는 것을 깨닫게 해주는 자세가 현명하다. 자녀들에게 단 몇 주라도 주식을 사줘보자. 고기맛을 알게 해야 고기 잡는 법을 배우게 된다.

주식투자의 고수들도 잘 모르는 '고기 잡는 법'을 알려주겠다고 법석을 떨 게 아니라 수고와 노력, 시행착오 없이 성공할 수 없다는 것을 깨닫게 해주는 자세가 현명하다.

12 꿈이 있는 시장–씨앗을 뿌리는 자세로 시장에 참여하라

한 여인이 새로 문을 연 시장골목의 가게로 들어가는 꿈을 꾸었다. 그 가게 주인은 다름 아닌 신(神)이었다. 무엇을 파느냐고 묻자 신은 "당신이 원하는 것은 무엇이든 다 팝니다"라고 대답했다.

여인은 인간이 바랄 수 있는 최고의 것을 사기로 마음먹었다. "마음의 평화와 사랑과 행복과 지혜, 그리고 두려움으로부터의 자유를 주세요."

신은 미소를 지으며 말했다. "미안하지만 가게를 잘못 찾으신 것 같군요. 부인, 이 가게에선 열매를 팔지 않습니다. 오직 씨앗만을 팔지요."

베트남 출신의 승려시인인 틱낫한의 《마음에는 평화 얼굴에는 미소》라는 수필집에 나오는 구절이다. 인간은 뭐든지 완성품을 찾으려는 속성을 갖고 있는지 모른다. 그래서 다른 사람의 기득권을 일거에 빼앗는 전쟁과 살육, 권모술수를 서슴없이 저지르는지도 모른다.

주식투자자도 남들이 땀흘려 만들어놓은 과실(果實)만 따먹으려는 속성이 있다. 묘판(苗板)에 씨앗을 뿌리는 자세로 시장에 참가하면 뒷날 큰 결실을 기대할 수 있는데도 조급증에 빠지기 십상이다. "꿈이 있는 주식이 가장 크게 오른다"라는 격언이 있다. 미래에 대한 꿈이 크고 화려할수록 주가가 크게 오른다는 뜻이다.

비록 현재의 재무상태나 수익성은 나빠도 장래에 좋아질 수 있다는 큰 꿈이 있으면, 현재 우량한 상태에 있는 주식보다 더 크게 오를 수 있다.

꿈은 항상 미래를 향해 나아가게 하는 원동력이다. 꿈을 꾸는 것은 사람이지만, 그 사람을 만들어나가는 것은 그가 꾸고 있는 꿈이기도 하다. 열매만을 좇아가는 어리석은 생각은 버리고 씨앗을 먼저 뿌리는 지혜가 필요하다.

비록 현재의 재무상태나 수익성은 나빠도 장래에 좋아질 수 있다는 큰 꿈이 있으면, 현재 우량한 상태에 있는 주식보다 더 크게 오를 수 있다.

13 클린턴만큼만 – 주식도 여자 다루듯 조심스럽게 다루는 게 좋다

클린턴(Clinton)이 미국 대통령으로 재직하던 시절에 지구촌에 평화 무드가 지속될 수 있었던 것은 "여성을 다루는 솜씨로 국제관계를 조율해나갔기 때문"이라는 우스갯소리가 있다. 부드러움과 카리스마에 쉽게 넘어가는 것은 그와 스캔들을 일으킨 르윈스키(Lewinsky)뿐이 아니다. 다른 곳에도 많다. 이해관계로 얽혀 있는 국제질서는 물론, 주식시장도 마찬가지다.

주식투자를 '타이밍의 예술'이라고 하지만, 한 발짝 건너서 보면 주식시장은 항상 '냄비'처럼 부글부글 끓고 있다. 세계에서 가장 비관적 반응을 보이는 투자자와 인위적인 부양책으

대박과 쪽박은 백지 한 장 차이다. 주식도 여자 다루듯 조심스럽게 다루는 게 좋다. 서둘러서 좋은 경우는 많지 않다.

로 맞불을 놓은 정부는 난형난제다. 일부에서는 이를 IMF 금융위기 이후 나타난 우리 사회의 집단적 피해망상증으로 해석한다.

"곧 큰장이 선다"라는 소문이 밑도 끝도 없이 나돈다. 초저금리로 갈 길을 못찾고 있는 뭉칫돈이 급락한 주가의 반등을 노리고 매수 타이밍을 엿보고 있다는 것.

북한 핵 문제가 잘 풀리고, IT 경기가 살아날 것이란 얘기다. 하기야 주가는 꿈을 먹고 산다는데, 꿈을 갖는 것은 좋은 일이다. 그러나 대박과 쪽박은 백지 한 장 차이다. 주식도 여자 다루듯 조심스럽게 다루는 게 좋다. 서둘러서 좋은 경우는 많지 않다.

14 투매─소나기는 피하되, 소나기를 맞아야 죽순이 자란다

투매는 "희망이 사라졌다"라는 공감대가 형성될 때 나타나는 일종의 군중심리다. 각종 경제지표가 나쁘게 나오는데다 언제쯤 회복될지도 모른다는 불확실성이 짙어질 때 나타난다. 특히 세계경제가 디플레이션이란 수렁으로 빠질 수 있다는 우려감도 뒷배경으로 작용한다.

그러나 대부분의 투자자들이 비관론에 빠져 있을 때 역발상을 염두에 둘 필요가 있다는 목소리도 적지 않다. 투자자들이 항복선언을 한 뒤에 주가가 반전한 사례가 많기 때문이다.

증시 격언에도 "3차 투매에서 사라"라는 말이 있다. 지난 1987년 10월 19일 월요일 뉴욕 증권시장은 개장 초부터 대량의 '팔자' 주문이 쏟아져 뉴욕의 주가는 그 날 하루 동안 폭으로는 508포인트, 비율로는 전일대비 22.6%가 폭락했다. 다른 나라 주가도 줄초상을 당했다. 그 유명한 '블랙 먼데이(Black Monday)'다. 이 같은 주가 폭락사태가 나타나면 그에 따른 반등도 생겨난다.

대부분의 투자자들이 비관론에 빠져 있을 때 역발상을 염두에 둘 필요가 있다는 목소리도 적지 않다. 투자자들이 항복선언을 한 뒤에 주가가 반전한 과거의 사례가 적지 않기 때문이다.

이럴 때 대개 "진즉에 부동산을 처분하고 주식투자를 준비했어야 했는데…"라며 혀를 차는 사람이 하나둘 늘어난다. 떨어지는 주가가 무서운 게 사실이지만 부화뇌동할 필요는 없는 것과 같은 이치다. 소나기는 피하되, 소나기를 맞아야 죽순이 쑥쑥 자란다는 점을 명심해야 한다.

15 여행─뜨거운 '현장'에서 한발 비켜나 '관찰자'가 되자

해마다 7월 말~8월 초면 휴가 여행이 절정을 이룬다. 곧 찾아갈 바다와 산을 생각하면 열대야도 잠시 잊게 된다. 여행은 왜 사람들을 들뜨게 할까? "여행은 지도가 정확한지 대조하러 가는 게 아니다. 지도를 접고 여기저기 헤매다 보면 차츰 길이 보이고, 어딘가를 헤매고 있는 자신의 모습을 발견하게 된다. 곳곳에 숨어 있는 비밀스러운 보물처럼 인생의 신비가 베일을 벗고 슬그머니 다가올 때도 있다. 어느 낯선 골목에서 문득 들려오는 나즈막한 음악처럼 예상치 못한 기쁨이 나를 기다리고 있는 것이다(김미진의 《로마에서 길을 잃다》 중에서)."

주식시장이 변곡점에 다가서고 있을 때는 그 뜨거운 '현장'에서 한발 비켜나 '관찰자'가 돼보는 것도 괜찮다. 떠나기 전에는 절대 알 수 없는 게 여행의 즐거움이다. 밖에서 다른 선수들의 타격 자세와 그 결과를 지켜보면 자신의 잘잘못을 반추하는 계기가 될 수 있다.

"하루에도 수없이 깡통을 찬다"라는 개미의 원죄는 눈앞의 욕망을 억누르지 못하는 데 있다. 하루살이 재료에 승부를 걸어보지만 실속이 없다. 회사후소(繪事後素)는 "그림 그리는 일은 흰 바탕이 있은 이후에 가능하다"라는 뜻이다. 이는 본질이 있은 연후에 꾸밈이 있다는 공자(孔子)의 가르침이다.

여행은 본질을 되새기게 한다.

16 봄소식−균형이 빠른 속도로 붕괴될 때 기회가 생긴다

자신이 보고 있는 것이 세상의 전부라고 생각하는 게 인간의 보편적인 심리다. 실제로 볼 수 있는 것은 한 뼘 정도밖에 안 되는데도 말이다. 주가 그래프를 살펴보면 시장이 깨지고, 해당 회사가 망할 것처럼 여겨지는 경우가 많다.

그러나 생각지도 않은 곳에 참여와 관심의 잠재력은 얼마든지 넘쳐날 수 있다. 사람들은 말한다. 한국전쟁 때도, IMF 금융위기 시절에도 축제는 있었다고. 그 궁핍의 시절에도 고귀한 생명이 태어나고, 이웃에게 박수를 받아야 하는 일은 얼마든지 있었다.

특정 재료에 대해 과민반응했다고 깨달은 투자자들은 곧바로 제자리로 돌아온다. 대체로 대규모 거래를 수반하면서 주가가 많이 떨어진 업종 대표주를 중심으로 반등을 시도한다. 수급상 주가의 낙폭이 컸다는 점을 노린 '스마트 머니'가 '사자'에 나서기 때문이다.

경제학계에서는 이 같은 현상을 '균형이론(equilibrium theory)'으로 설명한다. "시장은 언제나 균형을 추구한다"라는 균형이론은 동일한 사회현상이 주기적으로 반복되는 것 또한 일정한 균형점을 찾아가려는 한 사회의 노력이라고 해석한다. 경기와 주가흐름이 대표적이다. 따라서 균형이 빠른 속도로 붕괴되면서 높은 이격률을 보일 때(균형점을 벗어날 때) 새로운 기회가 생긴다.

봄이 되면 겨우내 숨어 있던 새싹이 고개를 들고 싹을 틔우는 이치와 같다. 겨울이 물러가는 게 아니라 봄이 찾아오는 것이다.

> "시장은 언제나 균형을 추구한다"라는 균형이론은 동일한 사회현상이 주기적으로 반복되는 것 또한 일정한 균형점을 찾아가려는 한 사회의 노력이라고 해석한다.

17 정보전쟁─정보로 흥한 자, 정보로 망한다

대부분 억대 연봉자인 증권사 애널리스트의 역할은 주식시장의 비밀을 푸는 것이다. 언제 어떤 종목의 주가가 오를지, 지금 어디에 그 가능성이 숨어 있는지를 밝혀내는 일이다. 그러나 그들은 항상 말한다. "앞으로 더 좋아진다"라거나 "지금은 나쁘지만 더 나빠지지는 않을 것"이라고. 하지만 이는 대부분 일회성 주장에 그치고 만다.

괴짜 작가 이외수는 《괴물》에서 "여자에게는 비밀이 재산이다. 타인의 비밀은 수다를 팔아먹을 수 있는 재산이고 자기의 비밀은 교양을 사들일 수 있는 재산"이라고 썼다. 애널리스트의 비밀도 여자의 그것과 견줄 만하다.

증권사의 시황 담당자의 입담은 더욱 거세다. 특히 상승장에서는 공수표를 남발하는 정치인의 모습으로 바뀐다. "선발대는 들어온 것 같다. 지금부터는 '정보전'이 중요하다." 악재만 부각되던 투매 현장에서 '사자'를 받쳐놓은 '현명한 개인'이 입질을 시작했다는 평가도 내놓는다. 제도권이 이 정도면 암시장에서는 헛된 정보가 더욱더 판을 친다.

정보는 상승장에서 싹을 틔우게 마련. '대박' 욕심이 정보 수요를 만들어내기 때문이다. 루머마저 자취를 감추는 하락장과 다르다. 정보전이 가동되었다는 것은 시장참가자의 몸이 근질근질해지고 있다는 뜻이다. 시장을 뜨겁게 달구는 것은 정보지만, 거기에 목숨을 걸 일은 아니다. 내가 접한 정보가 다른 사람에게는 옛날 이야기가 될 수 있다.

정보는 주식투자가 일종의 '심리 게임'이라는 점을 말해준다. 주식시장은 불확실한 미래를 예측하는 곳. 따라서 자신의 바람과 추측이 그럴 듯하게 포장되어 유통되게 마련이다. "괴담을 먹고 바닥이 다져진다"라는 얘기처럼 엉터리 정보가 퍼지는 논리가 된다.

어느 경우든 정보의 노예가 되는 사람은 큰돈을 벌 수 없다. 정보로 흥한 자, 정보로 망한다고 하지 않았던가.

18 꼬리와 몸통－파생상품이 현물시장을 흔드는 상황

미국의 '큰손' 투자자인 워런 버핏(Warren Buffet)은 파생금융상품을 금융시장의 '대량살상용 시한폭탄'으로 비유한다. 그는 최근 자신이 운영하는 투자회사 버크셔 해서웨이(Berkshire Hathaway) 주주들에게 보낸 편지에서 "파생 금융상품이 갈수록 위험해지고 있다"며 "이는 몇몇 딜러들에 의해 거래가 이루어지는 '신용위기의 집중' 때문"이라고 주장했다.

우리나라 증시에서도 선물과 옵션 등의 파생상품이 현물시장을 쥐락펴락하고 있다. 그만큼 파생상품 시장이 커졌다는 뜻이지만 꼬리(선물시장)가 몸통(주식시장)을 흔드는 기현상인 점은 분명하다. 당초 선물과 옵션 등 파생상품 시장은 현물시장 거래에서 발생할 수 있는 위험을 피하거나 줄이려는 취지에서 만들어졌다는 점을 염두에 둬야 한다.

사람들은 자신의 힘이 모자라면 지렛

대를 이용한다. 지렛대를 이용하면 어느 정도 힘을 늘릴 수 있다. 그러나 자주, 그것도 무리한 일에 지렛대를 동원하면 탈이 나게 마련이다. 지렛대가 부러지고 지렛대를 활용하던 사람까지 다칠 수 있다.

현재 우리나라의 선물옵션 시장이 이 같은 모습을 하고 있다. 마치 시한도 정해지지 않은 '시한폭탄'에 '몰빵'을 싣는 모습처럼 보인다. 특히 옵션투자는 "섶을 지고 불 속에 뛰어드는" 결과를 낳을 수 있다는 경고방송이 잇따라 나오지만, 옵션 매니아에겐 마이동풍(馬耳東風)일 따름이다.

우리나라는 선물·옵션 거래량 세계 1위라는 달갑지 않은 자리에 올라 있다. 지금도 그 규모가 하루가 다르게 증가하고 있다. 비대해진 파생상품 시장이 선의의 투자자들을 주식시장에서 밀어내지 않을까 우려된다.

19 가불-발을 들여놓을 때와 뺄 때

투기거래의 달인으로 불리는 소로스는 "미래에 대한 예상과 실제로 다가오는 미래 사이에는 괴리가 항상 존재하고, 그 괴리는 시장참가자의 편견으로 나타난다"라고 말했다. 가변적인 미래를 정확하게 예측할 수 없기 때문에 미래를 과대평가하거나 과소평가할 수밖에 없다는 것.

어느 기업의 가치가 높아졌다고 해서 당장 '사자' 세력이 달

186

려들지는 않는다. 주가가 싸졌다고 금세 반등장이 펼쳐지지 않는 것도 마찬가지 이치다. 특히 기업의 '가치'는 객관적인 지표인데도 쉽게 약발이 먹히지 않는다. 모멘텀이라는 촉매가 적절한 조건에서 작용해야 비로소 주가가 움직인다.

재미있는 것은 주식투자자들이 가불(假拂)을 즐긴다는 점이다. 예상되는 미래는 주가에 반영되게 마련이다. 남보다 한발 앞서 움직여야 크게 먹을 수 있다는 경험이 가불시장을 만들어낸다. 정보의 유통이 빨라지고 정보의 빈부격차가 좁아지면서 가불시장은 더욱 활기를 띠는 양상이다. 기술적 분석 등 통계를 기반으로 한 분석방법의 입지가 좁아지는 것도 이 때문이다.

경험 많은 투자자들은 시장에 발을 들여놓을 때와 뺄 때를 알고 있다. 시장참가자들이 가불의 명수가 되는 이유는 '선수'들의 뒤를 따르려는 심리가 발동하기 때문일 것이다. 보급이 튼튼하면 여유 있는 싸움을 벌일 수 있다. 그러나 '물 반 고기 반'인 낚시터에서도 조바심을 내면 자칫 물만 먹을 수 있다.

편견을 버리고 냉철한 판단과 폭넓은 안목을 통해 주식시장을 관측하라.

20 | 야인시대-패장은 미련 없이 떠난다

주식시장은 호재와 악재가 시소게임을 하면서 가격을 만들어낸다. 호재 쪽에 줄을 세울 재료들은 많지 않다. 악재는 겹겹이 쌓여 있다. 큰 흐름상 경기가 침체기에 들어서 있고 기업의 수익도 제자리걸음을 하는데, 종종 상승 랠리가 나타난다. 왜 그럴까?

두 가지 해석이 가능하다. 악재의 본질이 유익한 쪽으로 바뀌고 있는 점에 주목한다면 '사자'에 나설 것이다. 또한 개별 회사나 업종에서 회복 신호가 나타나는 경우가 있다.

실제로 주식투자자들은 처음에는 흐름(방향)에 관심을 보이다가 나중에는 '정도'에 일희일비한다. 시간이 흐를수록 구체적인 사실을 따지지 시작한다는 것. 경상수지·무역수지·환율 등 거시변수에 주목하다가 어느 순간 미시적인 부문에 집중하기 시작한다.

시장참가자의 패가 갈리는 모습은 마치 줄다리기를 하는 것 같다. 줄다리기 시합을 상상해보라. 짜릿한 균형도 잠깐, 한순간에 팽팽한 균형이 깨진다. 어느 한쪽에서 팀원 간 균열이 빚어낸 패배다. 패자는 대오를 정비하고 다음 싸움을 준비하지만 한번 무너졌던 충격 때문에 다시 힘을 모으기란 쉽지 않은 법이다. 시장의 방향도 시소게임을 벌이다가 어느 순간 갈린다. 개미들은 이 국면부터 헷갈리기 시작한다. 대세에 동참해야 하느냐의 기로에 서기 때문이다. 어떻게 하면 될까?

TV 드라마 〈야인시대〉의 인기가 꽤 높다. 이 드라마가 인기를 끄는 이유는 강자에게는 강하고 약자에게는 한없이 너그러운 김두한의 캐릭터 때문이다. 김두한은 이권을 놓고 다툴 때면 으레 상대편 대장과 결투를 벌인다. 승리의 대가로 사업장(시장)을 넓혀간다. 반면 패자는 미련 없이 떠난다. 이는 물론

시장흐름이 바뀌었을 때 이를 인정할 용기가 없는 사람은 주식시장에 뛰어들어서는 안 된다.

픽션(허구의 세계)이다. 그런데도 시청자들이 열광하는 것은 '패장'들이 패배를 군말 없이 인정하는 모습 때문이 아닐까? 싸움에서 지면 곧바로 기득권을 버리고 떠나야 하는 주먹세계의 법칙 때문에 함부로 대장 행세를 하려 들지도 않는다.

주식투자는 투자에 따른 적정이윤을 계산하는 경제 논리에 많은 영향을 받는다.

시장흐름이 바뀌었을 때 이를 인정할 용기가 없는 사람은 주식시장에 체중을 실으면 안 된다.

21 로또보다는 주식이 좋은 이유-늘 합리적인 경제 논리에 충실하라

시중자금이 복권시장으로 옮겨가고 있다는 농담 반 진담 반의 분석이 있다. 실제로 로또의 인기는 상한가를 치고 있다. 당첨 확률을 높이려고 '로또 계'를 만들었다는 소식도 들린다. 복권이 전염병처럼 전국으로 확산되고 있다. 수십억 원의 당첨금이 '인생 역전'의 드라마를 만들어낼 것이란 기대감이 그 배경이다.

반면 '청년실업' 문제가 갈수록 심각해지고 있다. 반면 수요자 입장인 중소기업은 일손이 달린다며 구인난을 호소한다. 이 와중에 각 분야의 '고급인력'들은 입도선매(立稻先賣)되고 있다. 각각의 얘기가 서로 상반된 것 같지만, 시시각각 초침을 바꿔가는 산업지도와 교육여건이 만들어내고

있는 현실이다.

복권은 한 마디로 요행을 바라는 것이다. '모 아니면 도'와 같은 확률 게임이기 때문에 흑백논리에 지배당하기 십상이다. 그러나 주식투자는 투자에 따른 적정이윤을 계산하는 경제 논리에 많은 영향을 받는다. 경제 논리에 맞게 행동하는 사람들이 많아질수록 경제는 물론 사회가 튼실해진다.

22 | 역선택—역선택의 지뢰밭을 피해가는 비결

2002년 말 16대 대통령을 뽑기 위한 대선 정국에 '역선택' 논란이 한창이었다. 민주당과 국민통합21의 단일후보를 뽑기 위한 여론조사에서 한나라당 지지자들이 이회창 후보가 상대하기 편한 후보를 택해, 여론조사를 교란시킬 가능성이 제기된 것이다. 이에 따라 민주당 노무현 후보와 국민통합21 정몽준 후보측이 이 후보의 지지율이 평균치보다 낮게 나올 경우, 이를 역선택으로 간주하기로 합의하는 진기한 일이 벌어졌다.

역선택은 원래 경제학 용어다. 정보가 충분치 않아 최선의 선택을 할 수 없는 상황을 일컫는다. 보험 업계에서는 위험발생률이 보통 이상인 사람들이 보험에 가입하거나 연장을 기도하려는 성향을 이렇게 부른다.

사실 주식시장만큼 역선택이 난무하는 곳도 드물다. 투자의 왕도가 바로 역선택의 지뢰밭을 피해가는 길이기도 하다. 속

주식시장만큼 역선택이 난무하는 곳도 드물다. 투자의 왕도가 바로 역선택의 지뢰밭을 피해가는 길이기도 하다.

마음을 드러내지 않는 승부세계이기에 아무나 들어오면 안 되는 곳이기도 하다.

누구나 첫사랑에 빠지면 사랑을 확인할 때까지 그녀의 집앞을 하루에도 몇 번씩 왔다갔다 했던 추억을 간직하고 있을 것이다. 그 아련했던 추억을 '고통의 시간'으로 떠올리는 사람은 아마 없을 듯하다. 속마음을 확인할 때까지는 시간이 걸리게 마련이다.

23 냉면 개시─살 때와 팔 때를 알려주는 지표

20여 년 전까지만 해도 매년 여름철이 다가오면 길거리에 '냉면 개시'라는 간판이 내걸렸다. 사람들은 그 때 비로소 여름이 성큼 다가와 있는 것을 깨닫게 된다. 여름을 눈으로 맞이한 셈이다. 냉면이 사철음식이 된 뒤 그런 풍경은 자연스럽게 사라졌다.

주식시장에서도 눈으로 국면 변화를 확인할 수 없을 정도로 변수가 늘어만 간다. 기술적 분석이 더 이상 시장참가자의 열렬한 사랑을 받지 못하는 것도 이 같은 조류를 반영하는 것이다. 살 때와 팔 때를 알려주는 지표는 사실상 없는 것이나 다름없다.

그렇더라도 세상사는 작은 밀알이 쌓여 이뤄지는 법. 물살의 변화를 잘 꿰뚫어야 한다. 주가는 크게 경기와 밸류에이션 (valueation, 주가 수준)에 따라 움직인다. 경기는 주가의 방향성

경기는 주가의 방향성을 결정하고, 밸류에이션은 상승과 하락 수준을 예고한다.

을 결정하고, 밸류에이션은 상승과 하락 수준을 예고한다.

최근 우리나라 주식시장이 박스권 장세를 이어가는 것은 경기가 더 나빠질 수도 있다는 전망 때문이다. 방향성의 논란도 아직 계속되고 있다. 그렇다면 밸류에이션이 문제다. 2003년 5월 말 현재 거래소 시장의 12개월 예상 주가수익비율(PER)은 8배 수준. 세계에서 가장 싸고 다른 이머징(emerging) 국가에 비해서도 20% 이상 저평가되어 있다는 것이 전문가들의 분석이다. 싸다는 점이 소신을 자극할 수 있다.

24 삼합 – 시장참가자 모두가 주전이 되는 주식시장

전라도 음식 중에서도 손꼽히는 게 삼합(三合)이다. 잘 삶은 돼지고기에 삭힌 홍어, 거기에 묵은 김치를 포개서 먹는 요리다. 여기에 막걸리가 곁들여지면 금상첨화다. 당연히 좋은 품질의 홍어와 돼지고기를 써야 하지만 김치의 숙성도가 떨어지면 삼합 전체의 맛을 망치게 된다.

주식투자에서도 냉철한 분석, 창의적 상상력, 그리고 합리적인 용기가 서로 유기적으로 결합해야 최적의 결과를 낼 수 있다. 그러나 어떤 투자자는 너무 과거의 분석에만 치중함으로써 패러다임의 새로운 변화를 읽지 못해 비관주의자가 되고 만다. 또 다른 투자자는 근거가 약한 공상에 빠져 지나친 낙관주의에 젖어들고 만다.

주식투자에서도 냉철한 분석, 창의적 상상력, 그리고 합리적인 용기가 서로 유기적으로 결합해야 최적의 결과를 낼 수 있다.

192

단체 스포츠 경기에서 주전과 후보선수 간 실력 차이가 크면 절대 강팀이 될 수 없다. 혹시 주전이 부상을 당해도 이를 뒷받침해줄 수 있는 후보선수가 있으면 안심이다. 주전선수도 쟁쟁한 후보선수가 버티고 있으면 자리를 내주지 않기 위해 절차탁마(切磋琢磨)에 나설 수밖에 없다. 강팀에는 주전과 후보 선수 간에 보이지 않는 긴장관계가 팽팽하다. 따라서 강팀에 좋은 선수가 몰려 있는 게 아니라 좋은 선수가 강팀을 만든다는 역설이 통한다.

우리나라 주식시장에서는 외국인 용병이 꿰차고 있는 주전 자리를 대신할 후보선수층이 허약하다는 문제점이 있다. 시장 참가자 모두가 주전이 되는 주식시장의 모습이 아쉽다. 기관 투자자와 외국인 투자자, 그리고 개인이 삼합의 구조를 만들어야 할텐데.

외부 악재와 **불황을** 이겨낼 수 있는 유일한 자산은 **경쟁력이** 다.

25 │ 네오닷컴의 열기―네오닷컴의 열기는 1등에 대한 찬사

닷컴주식에는 한국 주식투자자의 희망과 좌절이 함께 투영되어 있다. 동네 아주머니와 시골 농부를 증권사 객장으로 몰려오게 만든 주역이 닷컴기업이다. 역설적이지만 '1가구 1주식' 시대를 연 것도 닷컴 주식이었다. 절대로 꺼지지 않을 것 같던 닷컴 열기는 종국에는 투자자들에게 큰 손실을 안겨준 채 시들고 말았다. 물론 그 열기를 이겨내고 부자가 된 사람이 여럿

있다. 홍기태 새롬기술 사장과 박현주 미래에셋 회장 등이 대표적이다.

그렇게 투자자를 웃고 울렸던 닷컴 기업들이 다시 전면에 나서고 있다. 전세계적으로 '고공 플레이'를 벌이고 있다. 상승논리는 간단하다. 수익이 놀랄 만큼 늘고 있기 때문이다. 그 결과 닷컴 기업들은 시장의 '미인주'로 떠오르고 있다.

이는 1999~2000년 펼쳐졌던 랠리와 사뭇 다르다. 업종 전체가 환하게 밝아지는 게 아니라 선두업체에만 볕이 드는 것이다. 몇몇 기업만 좋아진 셈이다. 피나는 노력으로 경쟁자들을 물리친 최후의 승리자에게 시장참가자들이 '사자'로 화답하고 있다. 닷컴 대표주의 질주가 삼성전자 · SK텔레콤 · 신세계 등 업종 대표주를 다시 보게 만들고 있다. 네오닷컴의 열기는 1등에 대한 찬사인 셈이다. 외부 악재와 불황을 이겨낼 유일한 자산이 경쟁력이라는 점을 시장참가자들이 공감하고 있다는 뜻일 게다.

26 모래시계 – 주식투자의 기본, 쉬어가는 것도 투자

시장은 '사자'와 '팔자' 세력이 팽팽하게 맞서는 곳이다. 때론 매끈한 물건(펀더멘털)으로, 때론 걸쭉한 입담(모멘텀)으로 상대

의 허를 찌르는 경연장이 된다. '시
장답다' 라는 것은 "경쟁이 존재한다"
라는 뜻이다. 따라서 '사자' 와 '팔
자', 또는 '팔자' 세력 간에 경쟁구
도가 깨지면 시장이 성립될 수 없다.

약세장에서는 '사자' 가 종적을 감춘
가운데 '팔자' 만 활개를 친다. 대
개 모래시계 속의 모래가 움직이듯 프로그
램 물량이 매수와 매도를 왔다갔다 한다. 그 방향
타도 '팔자' 세력이 쥐고 있다. 선물시장에서 매도계약을 사놓
고 현물시장에서 재차 '팔자' 주문을 내놓는 전술이 기승을 부
리기도 한다.

이럴 때는 "잘 모르면 주가한테 물어보라"라는 격언도 먹히
지 않는다. 거래가 적을 때는 주가한테 물어봐도 시원한 답을
내놓지 못하기 때문이다. 거래량이 적으면 주식을 '사자' 는
쪽이나 '팔자' 는 쪽의 속내를 알 수 없기 때문이다. 특정 종목
의 주가가 많이 떨어지면 '낙화(落花)' 를 줍는 것처럼 일부 '사
자' 가 나오지만, 조금 오르면 매물이 나오는 모습이 반복된다.
시장이 말을 하지 않을 때는 시장 밖에 눈을 돌리려 하지만 주
위에 안개가 자욱할 뿐인 경우가 허다하다.

바쁘게 달려왔다면 쉼터에서 쉬는 게 다음 여정을 위해서도
좋다. 그러나 시장참가자들은 '시간 리스크' 를 따지고 든다.
모든 걸 잊고 시간을 낚는 게 최선의 길이다. 쉬는 것도 투자

모든 걸 잊고 시간을
낚는 것이 최선의 길
일 때도 있다. 쉬는
것도 투자라는 것은
주식투자의 가장 기본
적인 자세다.

라는 것은 주식투자의 가장 기본적인 자세다.

27 ｜ 농사와 주식투자 – 때가 있고 기다림이 있다

전혀 다를 것 같은 농사와 주식투자에도 사실 공통점이 있다. 우선 겉보기와는 달리 만만치가 않다. '농촌' 하면 누구나 맑은 공기와 새 소리 등 동양화 한 폭을 연상하지만 실상은 그렇지 않다. 대박을 좇아 주식시장에 입문하지만 쪽박이 널려 있는 곳이 증시다.

농사는 때가 있고 기다림이 있다. 농산물은 공장에서 찍어내는 공산품처럼 몇 시간, 며칠 만에 뚝딱 만들어지지 않는다. 사과가 익고, 된장이 숙성되려면 시간이 걸린다. 주식도 아무 때나 오르는 것이 아니다. 때가 와야 사람들이 평가해준다.

이는 인간의 의지만으로 해결할 수 있는 것이 아니다. 따라서 자연의 위력을 깨닫고 겸손한 마음을 지녀야 한다. 과욕만으로는 살아갈 수 없음을 알아야 한다.

농촌생활을 하다 보면 어느 날에는 딱히 할 일이 없을 때도 있다. 비가 오거나 눈이 오거나 해도 그렇다. 이 같은 생활이 되풀이되다 보면 농촌을 벗어나고 싶은 충동이 생길 것이다. 이를 이겨내야 진정한 농군이 된다. 주식투자에서도 침체 장세가 오래 지속되다 보면 투자자들이 이성을 잃고 무모한 배팅에 나서는 경우가 있다.

침체 장세가 오래 지속되다 보면 투자자들이 이성을 잃고 무모한 배팅에 나서는 경우가 있다.

뱅가드(Vanguard) 그룹의 창립자인 존 보글(John Bogle)은 투자에 앞서 먼저 참선을 한다고 한다. 그 과정을 통해 자기 안에 들어 있는 비밀의 힘이 모아진다고 주장한다. 고수들까지 참선을 얘기할 정도니 주식투자란 얼마나 어려운 것인가. 쉽게 생각하는 자세부터 뜯어고쳐야 한다.

28 불황의 아들−M&A의 한복판

과거엔 카르텔을 '불황의 아들'이라고 불렀다. 불황을 견디지 못한 기업들이 손을 맞잡고 가격이나 생산물량 등을 조절했다. 존폐의 기로에 섰을 때 나오는 일종의 극약처방이다. 대부분의 국가에서 규제하고 있는 카르텔 대신 나온 비책이 다름 아닌 '빅딜'이었다.

M&A(인수합병)의 한 방법이지만, 생존을 위한 몸부림이란 점에서 그 발원이 카르텔과 같다. 뉴 밀레니엄을 맞은 21세기에 접어들면서 반도체와 PC 업체 간 빅딜이 그 어느 때보다 활기를 띠었다.

일본의 경제평론가 오마에 겐이치(大前研一)는 《슈퍼스타의 경제학》이라는 저서에서 "늘 좀더 새로운 경쟁을 통해 패자는 철저히 도태되고 승자에게 힘을 몰아주는 구조가 바람직하다"라고 밝혔다. 그 속에서 자연스럽게 1등과 2등이 갈리고 그 이하는 도태될 수밖에 없다는 게 그의 주장이다. IT 산업의 한가

불황 탈출의 진정한 신호는 수요 회복에서 나오는 법. 잇따른 빅딜 논의가 불황의 깊이를 실감케 한다. 그러나 한편으로는 시장 재편 속에서 슈퍼스타가 나타난 점을 염두에 둘 시점이다.

운데 서 있는 반도체와 PC 업체가 M&A의 한복판에 자리하고
있는 것은 어쩌면 당연한 일이다.

　빅딜이 성공하면 제조 업체가 가격결정권을 쥐게 됨으로써
해당 업체와 산업은 어느 정도 안정을 찾을 수 있다. 그러나 불
황 탈출의 진정한 신호는 수요 회복에서 나오는 법. 잇따른 빅
딜 논의가 불황의 깊이를 실감케 한다. 그러나 한편으로는 시
장 재편 속에서 슈퍼스타가 나타난 점을 염두에 둘 시점이다.

29 　사태(沙汰)−한 그루의 사과나무를 심는 마음

'최악의 시나리오'가
난무할 때도 자세히
들여다보면 희망의 징
후를 곳곳에서 발견할
수 있다.

높은 언덕이나 산비탈 또는 쌓인 눈 따위가 무너져내려앉는
것을 사태(沙汰)라고 한다. 대부분의 사태는 호우에 의해 발생
한다. 지진, 천둥 등 소음에 의한 진동 때문에 생기기도 한다.

　2003년 봄 우리나라 금융시장에도 이른바 사태가 벌어졌다.
원인은 SK글로벌의 1조 5,000억 원대 분식회계사건이 제공했
다. 첫번째 불똥은 채권시장에 떨어졌고 주식시장과 외환시장
등으로 번져나갔다. 투자자들은 악영향의 연결고리를 찾아
'팔자'를 통해 그 고리를 끊고 나섰다.

　그렇게 따지면 우리나라 경제에서 온전하게 존속할 수 있는
것은 거의 없는데도 말이다. 여러 가지 시나리오 가운데 최악
의 시나리오대로만 움직일 뿐이다. 그러나 돌이켜보면 사태의
한복판에서 몸부림쳐봤자 기운만 빠진다.

네덜란드의 철학자 스피노자(Spinoza)는 "내일 지구가 멸망할지라도 나는 오늘 한 그루의 사과나무를 심겠다"라고 말했다. 최악의 상황에서도 희망의 불씨를 살려보겠다는 뜻이다.

실제로 '최악의 시나리오'가 난무할 때도 자세히 들여다보면 희망의 징후를 곳곳에서 발견할 수 있다. 자사주 매입과 소각에 나서는 기업이 늘고 있는데다 여유자금을 주식시장으로 옮기는 금융회사도 나타난다. 수습에 대한 자신감이 사태 확산을 막을 수 있는 유일한 길이다.

●

나만 몰랐던 주식투자비밀
-남궁 덕 기자의 증시산책-

●

지은이 / 남궁 덕
펴낸이 / 김경태
펴낸곳 / 한국경제신문 한경BP
등록 / 2-315(1967. 5. 15)
제1판 1쇄 발행 / 2003년 7월 10일
제1판 3쇄 발행 / 2003년 8월 1일
주소 / 서울특별시 중구 중림동 441
홈페이지 / http://bp.hankyung.com
전자우편 / bp@hankyung.com
기획출판팀 / 3604-553~6
영업마케팅팀 / 3604-561~2, 595
FAX / 3604-599

●

ISBN 89-475-2436-0

값 9,500원